JEAN-FRANÇOIS COPÉ

PROMIS, J'ARRÊTE LA LANGUE DE BOIS

HACHETTE
Littératures

Ouvrage publié sous la direction de Sylvie Pierre-Brossolette.

Introduction

Mercredi 6 juillet 2005, 13 heures. Je suis à mon bureau, à Bercy, au ministère des Finances. J'ai allumé la télévision. Et j'attends, comme des millions de Français, la proclamation de la ville qui accueillera les Jeux olympiques de 2012. En France, tout le monde souhaite Paris. En Grande-Bretagne, tout le monde souhaite Londres. Sur nos radios et télévisions, ces derniers jours, la tension est montée d'un cran. Le suspense est à son comble. Les Français adorent la fête. Ils adorent le sport. Ils adorent les Jeux. Aussi des millions d'entre eux attendent-ils avec impatience cette sélection. Au gouvernement et chez de nombreux parlementaires, il se dit fréquemment que la sélection de Paris aux JO serait le déclic que l'on espère pour créer ce nouveau dynamisme, cette nouvelle foi en l'avenir qui manque tant dans cette période de sinistrose ambiante...

À 13 h 40, le verdict tombe. Ce n'est pas Paris. Ce sera Londres.

Comme toujours après une défaite, les heures et les jours qui suivent ne sont pas agréables à vivre. À la stupéfaction des premiers instants, succèdent les propos et commentaires les plus déplacés. La réaction à l'échec répond toujours aux mêmes règles. Quelle que soit la nature de la défaite, elle révèle les tempéraments, elle découvre les états d'esprit, elle met les acteurs à nu, en les montrant tels qu'ils sont. Il y a ceux qui « ne comprennent pas » parce que la France avait le meilleur projet. Il y a ceux qui le prennent de très haut en considérant que, décidément, le monde ne saisit rien au talent de la France. Il y a ceux qui viennent apporter la petite touche supplémentaire qui conduit à nous ridiculiser en accusant carrément les Anglais d'avoir triché pour obtenir leur sélection. Il y a ceux qui pleurent sur le lait renversé, qui considèrent que c'est la faute des autres et qui se gardent bien d'envisager de se remettre en cause. Généralement, ceux-là se paient le luxe d'aller donner des leçons. Et il est vrai que, dans ce domaine, notre pays est parfois à la pointe.

Et puis, il y a ceux qui, une fois passé la tristesse bien légitime, se décident à regarder les choses en face avec lucidité. Avoir vécu l'échec, avoir affronté la défaite une ou plusieurs fois dans sa vie, cela renforce, cela permet de mesurer la solidité de sa propre colonne vertébrale. C'est vrai pour un échec individuel comme pour un échec collectif.

La vérité est simple. Ce 6 juillet, le monde réuni symboliquement à Singapour, à l'initiative du Comité international olympique, n'a pas eu envie de la France.

La Grande-Bretagne, Londres en particulier avec son profil de ville cosmopolite qui bouge, entrée dans le IIIe millénaire, a su donner confiance, a su séduire collectivement et individuellement chaque électeur et, en un mot, a su convaincre. Pas nous. Cela vaut la peine de chercher à comprendre pourquoi, d'accepter de nous remettre un peu en cause, à propos de ce que nous pensons, de ce que nous disons, de ce que nous sommes. La France possède des forces considérables, des atouts indéniables, mais elle porte aussi en elle ses propres et intimes faiblesses. Refuser obstinément de regarder ce qui se passe ailleurs, de comprendre ce qui fait que d'autres pays fonctionnent mieux dans certains domaines, ou moins bien dans d'autres, tout cela a un coût. En cultivant le sentiment confortable qu'on s'en sortira toujours, même en remettant à plus tard (ou à jamais) les décisions nécessaires, on a laissé croire que notre pays pouvait finalement être au-dessus du lot et au-dessus des contingences. Je pense l'inverse : le temps perdu ne se rattrape pas toujours.

J'ai reçu beaucoup de choses de mon éducation. Je dois nombre de messages et de lignes de conduite à mes parents. Il est notamment une formule qui ne me quitte jamais. Elle a l'avantage de la logique, de la simplicité et surtout de ce bon vieux principe de réalité qui ne devrait jamais nous quitter : « Les coups de pied au cul, ça fait toujours avancer ! »

Gloser sur la France qui perd est une pratique courante dans les milieux distingués. Elle m'exaspère ! Faire croire que les efforts, les réformes et les mouvements, ça vaut mieux quand ça concerne les autres me paraît d'un autre temps. Et c'est pour cela que j'ai choisi de consacrer ma vie à la politique. Ce choix, d'ailleurs, n'allait pas de soi, si j'en crois le nombre infime de mes amis d'enfance ou d'études qui l'ont fait aussi. L'entreprise, la haute finance, l'audiovisuel, le spectacle, le journalisme, la publicité, autant de métiers que beaucoup de mes amis, qui avaient 20 ans dans les années 1980, ont naturellement choisis. J'en ai pris conscience lors d'une émission très particulière organisée par Thierry Ardisson, sur la chaîne Paris Première. C'était en octobre 2004. Il avait réuni des anciens de ma promotion de Sciences-po, à laquelle la journaliste Ariane Chemin venait de consacrer un livre. Je retrouvais là Isabelle Giordano, journaliste de télévision, Frédéric Beigbeder, écrivain et polémiste, David Pujadas, présentateur du 20-heures, ainsi que l'artiste Anne Roumanoff et le publicitaire Stéphane Fouks. Nous étions tous ensemble à Sciences-po en 1985-1986. Aucun d'entre eux n'avait choisi de s'engager au service de la France dans le métier politique. Tous me regardaient avec sympathie, mais sans me donner le sentiment de beaucoup m'envier.

Moi, c'était mon rêve de gosse. Depuis ma plus petite enfance, j'ai voulu faire de la politique. Autant dire que de ce point de vue je suis, aujourd'hui, pleinement comblé. Quatre ans après avoir eu la chance d'accéder à des responsabilités ministérielles au sein du gouvernement de Jean-Pierre Raffarin d'abord, puis de Dominique de Villepin, je persiste à croire pleinement à l'action politique. Je persiste, malgré les échecs, malgré les critiques, malgré les déceptions. Je persiste malgré le regard si sévère que portent les Français sur leurs dirigeants. Je persiste malgré les articles de presse souvent durs sur tel ou tel d'entre nous. Je persiste, malgré la difficulté de la tâche dans la durée, mais aussi au quotidien. Je persiste, enfin, malgré les sacrifices notamment familiaux auxquels nous devons, les uns et les autres, consentir parce que c'est un métier où l'on impose à ses proches bien des renoncements...

« À quel prix ? » serait-on tenté de dire quand on voit la violence de ce monde politique, où tout peut s'arrêter brutalement, à l'occasion d'une élection perdue, d'un remaniement, ou d'une démission forcée, comme l'a vécu douloureusement Hervé Gaymard. « À quel prix ? », quand on voit ce que deviennent dès le lendemain de leur démission de nombreux « anciens » ministres vite oubliés et sortis de la scène publique. « À quel prix ? », enfin, quand on voit le décalage entre l'énergie que l'on doit déployer pour mener à bien des chantiers et le peu de résultats souvent que l'on obtient pour faire bouger les choses.

Je rencontre un jour longuement Alain Finkielkraut, philosophe et essayiste pour lequel j'ai beaucoup d'admiration et que je sais passionné par la chose publique.

« A-t-on des amis authentiques en politique ? » me demande-t-il.

Je marque un temps. Cette question, je le sais, n'est pas anodine dans sa bouche. Je ne la reçois pas comme telle non plus. Je suis toujours beaucoup plus à l'aise pour débattre des idées, commenter l'actualité, confronter les opinions, critiquer parfois même méchamment tel ou tel. Mais l'amitié, c'est du sérieux.

« Non, ça n'est pas possible d'avoir des amis en politique. On y a bien sûr des affinités, des sympathies parfois très fortes, des complicités, des moments d'humour, de passion, des combats menés en commun. Mais l'ami, celui à qui on peut tout dire, celui qui est prêt à combattre à vos côtés, à vous laisser – le cas échéant – sa place à la tête d'une armée, non pas parce qu'il se sent moins fort, mais simplement parce qu'il est votre ami, non, ça je ne crois pas que cela puisse exister en politique. »

J'ai eu raison de lui dire cela. Parce que la réalité même de la vie politique, c'est la concurrence. Et comme ce risque est permanent, il forme une ligne rouge incompatible avec l'authentique amitié.

Ai-je eu vraiment raison ? J'ai souvent repensé à cette réponse. Non, j'ai peut-être eu tort... Bien sûr qu'on a des amis ! À une condition, c'est d'accepter que, comme dans la vie, on puisse en perdre en route. Parce que, avec les années, on fait des rencontres formidables, on noue des liens de fidélité. Et parfois cela se renforce avec le temps. Mais il m'est arrivé, en franchissant un palier supérieur, de ne pas retrouver la même lueur dans le regard de tel ou tel. J'en ai véritablement pris la mesure lorsque – grand privilège – j'ai été désigné par Alain Juppé pour conduire la liste de l'UMP lors des élections régionales en Île-de-France en 2004. J'ai alors vécu des moments exceptionnels avec ceux qui étaient à leur poste, tenaient leur position. Ils le faisaient pour eux. Ils le faisaient pour moi. Dans l'effort, dans l'euphorie, on en oublierait presque ceux qui, bien que dans le même camp, n'ont pas joué la même partition... Je le répète, c'est comme dans la vie !

Il est d'ailleurs amusant de voir le rapport complexe qu'entretiennent les responsables politiques avec leur propre sensibilité. Certains cherchent à la dissimuler, pensant protéger leurs fragilités intimes. D'autres, au contraire, en rajoutent à travers une hyper-susceptibilité parfois maladive.

Il y a derrière tout cela une logique implacable : il faut survivre, dans le succès comme dans l'épreuve. Dans le succès, car « prendre la grosse tête » expose aux pires erreurs. Dans l'épreuve, parce qu'il faut se convaincre que le regard des autres ne vous tuera pas.

Et survivre exige d'être en perpétuel mouvement, en permanente initiative, ce qui nécessite une solidité psychologique et un égocentrisme hors du commun.

Voilà en quoi ce monde si particulier qu'est la politique, mis constamment sur scène sous les projecteurs, est évidemment un reflet exacerbé des rapports humains.

C'est pour cela qu'accomplir une grande part de sa vie en son sein est passionnant. On y voit la réalité de la nature humaine. Personne en politique ne peut durablement dissimuler ce qu'il est profondément, sa personnalité, sa sensibilité, ses points de force ou de fragilité. On peut jouer quelque temps, mais les événements, les circonstances, la manière dont vous réagissez vous ramènent à la réalité et vous montrent toujours aux autres tel que vous êtes. Parce que la politique remplit complètement votre vie. Sept jours sur sept. Tout le temps. Parce que vous êtes destiné à vivre, pendant tout votre parcours, avec les mêmes – pour l'essentiel – qui durent et qui endurent. Et, puisque le critère essentiel devient celui du tempérament, la seule question qu'il faut se poser au sujet d'un jeune homme ou d'une jeune femme qui veut s'engager en politique, c'est : a-t il ou a-t-elle du tempérament ? Est-il ou est-elle capable de résister aux épreuves, de tenir ses troupes les jours de défaite, d'aller affronter – quand les autres se défilent – la cruauté des médias pour défendre ses chefs ou ses alliés ?

J'ai la chance à 41 ans d'avoir déjà beaucoup vécu en politique. À l'âge où d'autres ne font que commencer à exercer des responsabilités, j'ai déjà derrière moi deux années de cabinet ministériel, dix années de mandat de maire de Meaux, une campagne quasi nationale à la conquête, hélas perdue, de la région Île-de-France en 2004 et près de quatre ans au gouvernement. Et puis surtout j'ai l'expérience de la défaite électorale personnelle.

En 1997, à la faveur d'une triangulaire avec la présence d'un Front national qui, au premier tour dans ma propre ville, avait fait 23 % des voix, j'ai été battu. Dans ces moments-là, on mesure si l'on est capable de tenir, de supporter le regard des autres, de recommencer à zéro malgré les sceptiques et les jaloux. Bref, à 41 ans, ce choix de faire de la politique et d'y consacrer ma vie, pour la France, je l'assume. Parce que ce qui m'anime, c'est la passion. Si désuet que cela puisse paraître, je n'ai aucune honte à dire combien j'aime servir mes idées et mon pays. L'action publique, l'intérêt général, les décisions collectives pour préparer l'avenir, cela me passionne. Vivre dans son temps et anticiper les grandes évolutions de notre société, apprendre en interrogeant les autres à travers mon mandat local ou les dossiers nationaux que j'ai la chance de conduire, tout cela donne une expérience hors du commun.

C'est la victoire du non au référendum du 29 mai 2005 sur la Constitution européenne qui m'a décidé à écrire ce livre. Jamais sans doute, depuis bien longtemps, la France n'a été aussi profondément divisée. La France des 55 % de non d'un côté, la France des 45 % de oui de l'autre. D'un côté, une France paralysée par les inquiétudes et les peurs dont on n'a cessé de me parler durant cette campagne électorale. Une France qui se sent un peu abandonnée. De l'autre, une France prête à aller de l'avant, mais qui s'exaspère devant les lourdeurs administratives, le poids des impôts, le travail qu'on décourage, l'inefficacité publique. Autant dire que dans cette France-là, personne n'y trouve son compte. Qu'on soit d'un côté ou de l'autre, on n'y éprouve plus de sympathie pour son propre pays, ni pour son voisin. Il n'y a plus ni dialogue, ni écoute, ni respect. Il manque l'envie de construire l'avenir.

L'objet de ce livre est de montrer l'inverse. De dire que la politique, c'est le combat pour des convictions que l'on se forge et que l'on veut faire partager. Pour le bien de son pays. Pour l'avenir. Pour rêver. En résumé, il est question de raconter la vie politique telle qu'elle est, et de livrer quelques idées personnelles pour contribuer au projet commun que tant de Français attendent afin d'entrer ensemble dans les années 2010.

Car si, dans leur vie quotidienne, les Français sont bien passés au IIIe millénaire – Internet ou la téléphonie mobile font pleinement partie aujourd'hui de notre vie –, ils restent, dans tous leurs rapports avec l'État, confrontés à des blocages d'un autre siècle. Qu'il s'agisse de l'administration, des syndicats, de l'école, de la vie politique et parlementaire dans sa globalité, on se sent bien souvent cantonné dans le XXe siècle. Comme si nous n'étions pas capables, ensemble, de construire ce passage.

Dans un précédent livre[1] j'avais raconté mon expérience de maire de Meaux. Après dix années de mandat, je constate que, dans beaucoup de domaines, ma ville va mieux et j'ai la faiblesse de penser que l'action que j'ai conduite, avec mon équipe municipale, y a contribué. Meaux, qui est le reflet de bien des passions et des difficultés françaises actuelles, a connu des changements majeurs sur le plan humain, mais aussi économique et urbanistique.

Depuis que je suis au gouvernement, j'ai eu la chance d'être impliqué dans nombre de décisions qui ont été prises. J'ai eu envie de raconter tout cela, de

1. *Ce que je n'ai pas appris à l'ENA*, Hachette Littératures, 1999.

dire sans fard ce que c'est de participer au gouvernement de la France dans ces années 2000 empreintes de doutes, de tensions, au cœur d'un temps où les mutations sont innombrables. J'ai eu envie aussi de contribuer, par ces quelques réflexions, au grand débat qui s'annonce pour l'échéance présidentielle de 2007. Parce qu'il m'a semblé qu'il pourrait intéresser des Français qui de nos jours se demandent si la politique, « ça sert encore à quelque chose », et si cela vaut vraiment la peine de s'y engager. Chacun pourra juger.

Première partie

Le parcours initiatique

1.

Ministre, pour quoi faire ?

Dimanche 5 mai 2002. Il est 23 h 45, je quitte les studios de France 3 où je viens de terminer ma dernière émission de télévision pour la soirée électorale de ce deuxième tour des présidentielles. Il fait nuit noire. La pluie n'a cessé de tomber. Dans ma tête se mêlent des images et des sentiments confus. Avec la fatigue, l'émotion, je m'amuse à chercher ce que je ressens, à trouver des mots. Une chose est sûre : ce n'est ni de la joie ni de la tristesse.

Pas de la joie parce que la victoire de Jacques Chirac à 82 % – fait unique dans l'histoire de la Ve République – est le fruit d'un incroyable concours de circonstances avec la présence de Le Pen au deuxième tour des élections. Impossible de laisser aller sa seule joie avec de tels résultats.

Mais ce n'est pas de la tristesse non plus, naturellement. Quinze mois de précampagne et de campagne électorales acharnées pour participer à la victoire de mon candidat, de ma famille politique, de mes idées, après cinq années de gouvernement socialiste et d'une cohabitation souvent humiliante, cela ne s'oublie pas.

Alors je cherche d'autres mots. Gravité ? Sans aucun doute, Le Pen au deuxième tour, ce n'est pas beau à voir dans un pays qui se veut moderne et conquérant. Mais enfin, non, à bien y réfléchir, je ne ressens pas de gravité. Euphorie ? Peut-être. Mais non, je suis trop fatigué pour être euphorique. Inconnu ? Oui ! Voilà le mot que je cherche. Je vais vers l'inconnu. Parce que, j'en suis sûr, Jacques Chirac réélu président de la République, ça veut dire que je vais être ministre. Ça veut dire que, le jour de mes 38 ans, je pense que je vais changer de vie, que tout ce dont j'ai rêvé depuis mon enfance va se réaliser d'ici à quelques heures. Oui, c'est ça, c'est l'inconnu. J'ai tout appris dans les livres sur ce qu'ont été les ministres qui ont compté dans notre histoire et je vais être ministre.

Ce dimanche 5 mai 2002, jour de mes 38 ans, à 23 h 45, je sais que je vais être ministre. Et dans ma tête, tout se déroule très naturellement. Le président va nommer son Premier ministre lundi matin, lequel m'appellera deux heures après pour me nommer là où je veux être : le ministère du Budget. Comme Fabius en 1981, comme Juppé en 1986, comme Sarkozy en 1993.

Je vais être ministre du Budget. C'est évident. J'en ai tellement fait ! J'ai, depuis deux ans et demi, travaillé sans relâche au RPR auprès de Nicolas Sarkozy d'abord, puis de Michèle Alliot-Marie, au point de me voir confier au final la rédaction du programme du RPR pour les élections présidentielles. J'ai organisé des forums, des débats, participé à d'innombrables émissions de télévision, je me suis fait un peu connaître et mon domaine de prédilection, ce sont les questions économiques. Alors, aucun doute, je serai ministre du Budget.

Lundi 6 mai, 9 heures du matin. Je me mets en position d'attente près de mon téléphone car, forcément, le téléphone va sonner. Je branche LCI – c'est sur cette chaîne que l'on apprend immédiatement les informations dont on a besoin – et ça tombe bien, puisque ce lundi 6 mai j'ai besoin d'être très au fait de l'actualité. La même LCI qui rythme chaque événement de notre vie politique, et que regardent les décideurs dans ces périodes où tout paraît suspendu.

Lundi 6 mai, 10 h 30. Jean-Pierre Raffarin est appelé à l'Élysée et nommé Premier ministre.

L'attente commence alors pour moi et, comme je l'imagine, pour beaucoup de mes amis. D'ailleurs, personne n'appelle personne. C'est la règle. Dans ces moments-là, on est vraiment obligé de jouer perso et surtout de ne pas passer pour le moins informé de la bande !

13 heures. Le téléphone n'a pas sonné mais les rumeurs circulent déjà tous azimuts. Pour que le temps passe plus vite, j'ai invité mes très proches collaborateurs à déjeuner dans un restaurant où le portable fonctionne.

14 heures. Le téléphone n'a toujours pas sonné, mais j'ai appris que Nicolas Sarkozy devenait Ministre de l'Intérieur et numéro deux du gouvernement. Je l'appelle et le félicite. Il me répond, chaleureux, enthousiaste, mais à vrai dire, sur moi, pas un mot !

15 heures. Mon portable sonne. Silence de mort autour de la table. Je décroche... C'est ma mère ! Je

l'expédie un peu vivement. Non, son fils n'est pas casé, non, il n'y a pas d'urgence à lui faire un commentaire très long, cela pourrait bloquer la ligne !

17 heures. Retour à mon domicile. Je prépare fébrilement un débat postélectoral contre Julien Dray sur RTL pour 19 heures.

Entre temps, une rumeur circule – une de plus – annonçant que pour le ministère du Budget ce n'est jamais mon nom qui sort, mais plutôt celui d'Alain Lambert, président de la commission des Finances du Sénat. Je me dis que c'est naturellement impensable puisque normalement la place m'est réservée !

Le débat à RTL se passe dans une ambiance de tension terrible. Julien Dray est exaspéré et agressif ; Bruno Gollnisch, pour le Front national, hargneux ; et moi, en pilotage automatique, la tête ailleurs.

À peine sorti de RTL je me tourne vers l'un de mes collaborateurs à qui j'ai confié mon portable branché en permanence. « Alors ? lui dis-je, avec un air faussement détendu. – Aucun appel, me répond-il... sauf votre mère ! »

Le mardi matin 7 mai, je perds un peu espoir et je commence sérieusement à retomber sur terre. Ce n'est pas mon tour !

À 8 h 30, j'appelle Dominique de Villepin pour le féliciter car je sais qu'il ira aux Affaires étrangères. « En revanche, lui dis-je, tu peux la faire courte avec moi puisque, comme tu l'as vu, pour l'instant, je ne suis pas concerné du tout. » Dominique est très chaleureux, comme toujours avec moi. Il me dit : « Tu sais, tant que le secrétaire général de l'Élysée n'est pas venu sur le perron annoncer la liste du gouvernement, rien n'est joué. Et dans ton cas, je te le dis, on fait tout ce qu'il faut pour que tu y sois. »

Infime lueur d'espoir, mais toujours rien de certain en ce mardi matin !

À 13 heures, je déjeune avec mon épouse. Comme tous les mardis après-midi, je vais donner mon cours de finances publiques à l'université de Paris-Saint-Denis et pour moi les choses sont désormais claires, je ne serai pas au gouvernement. Soucieux de me changer les idées, je prends mes billets pour emmener ma petite famille passer le week-end du 8 Mai au bord de la mer... en génie incompris !

14 h 25. Je craque. Une dernière fois, j'appelle Dominique de Villepin. Il me prend de court en m'annonçant en premier la nouvelle :

« Tu ne seras pas au Budget, tu seras secrétaire d'État aux Relations avec le Parlement, porte-parole du gouvernement, et tu es prié de prendre parce qu'il faut être dans le bateau ! Le rendez-vous avec ton destin, c'est pour après !

— Tu en es sûr ? lui dis-je, histoire d'être vraiment au clair avec mes angoisses.

— Attends le coup de fil du Premier ministre, conclut Villepin, ne voulant rien ajouter.

— OK, j'ai compris, alors on croise les doigts. »

Dans ma tête, je crois que les choses vont enfin se faire, mais je n'appelle personne. Comme une superstition. J'attends le coup de fil du Premier ministre. J'entre dans ma salle de cours devant mes vint-cinq étudiants à qui je ne dis rien de ce qui vient de se passer, mais je laisse mon portable toujours branché.

15 h 15. Le portable sonne. On m'annonce le Premier ministre ! Le coup de fil va durer exactement trois minutes. C'est Jean-Pierre Raffarin, qui m'apprend que j'entre au gouvernement, secrétaire d'État aux Relations avec le Parlement et porte-parole du

gouvernement. Le fameux saut dans l'inconnu, c'était donc pour maintenant !

L'anticipation est impossible, mais l'improvisation est interdite !

Le ministère qui m'était attribué se trouvait au 69, rue de Varenne dans le VIIe arrondissement, à quelque trois cents mètres de Matignon.

Un hôtel particulier superbe, mais totalement déserté, dans lequel j'entre ce mardi 7 mai vers 19 heures. Seuls un huissier et la secrétaire de mon prédécesseur m'attendent, ainsi que mes deux plus proches collaborateurs, Bastien Millot et Guy Alvès, qui m'ont précédé de quelques minutes.

Celui à qui je succède est déjà parti. Jean-Jack Queyranne, mon prédécesseur, a rejoint sa circonscription de Bron sans juger utile de m'attendre. Sa secrétaire m'indique qu'il souhaiterait faire une passation de pouvoirs par téléphone. Un peu surpris, mais finalement peu susceptible sur ce point, je l'appelle. Notre conversation, qui dure cinq minutes, est totalement surréaliste. Il me parle surtout des travaux qu'il a fait réaliser au premier étage de l'hôtel particulier, me vante la qualité de la table et du service du ministère. Je l'écoute d'une oreille distraite. Il n'y aura pas de poignée de main devant les photographes et ça n'a aucune importance.

À vrai dire, l'heure n'est plus ni à la méditation, ni à la rêverie, ni même, je dois le dire, à la joie. Je sais que, dans ces moments-là, il faut aller très vite et pour avoir, de 1993 à 1995, dirigé le cabinet d'un ministre – Roger Romani – je sais que la priorité est le recrutement de l'équipe, et que les premières déclarations publiques devront être pesées pour ne pas être celui qui fera la première gaffe ! Bref, il faut être en permanence sur ses gardes.

Le système gouvernemental français fonctionne de la même manière depuis des décennies. Les attributions ministérielles se fixent à la dernière minute. Aucune anticipation ou préparation n'est possible. On ne sait ni si l'on va être nommé, ni le poste que l'on va occuper, et l'expérience des différents remaniements, depuis plus de trois ans, m'a appris qu'en une journée on peut passer virtuellement de la Culture à la Santé, de l'Intérieur au Budget.

Pour résumer, il n'y a d'autre moyen de se préparer à la tâche qui vous attend que la maturité, la solidité psychologique et la capacité d'apprendre vite. Du coup, parmi les règles d'or figure celle qui consiste à ne jamais prendre la grosse tête.

J'ajoute qu'il n'existe aucun kit du parfait ministre. Dès votre arrivée, vous êtes pris en main par une administration rodée à l'exercice. Le genre d'exercice qui me déplaît par-dessus tout, car je déteste avoir le sentiment de ne pas maîtriser moi-même les choses.

Le mercredi 8 mai au matin, nous célébrons l'armistice dans une atmosphère plutôt joyeuse. Les heureux nommés se retrouvent à la tribune officielle au son de la musique militaire et je ne résiste pas à l'envie de souffler à Dominique de Villepin, premier messager de la bonne nouvelle, cette phrase de Napoléon à son frère Joseph le soir du sacre : « Ah, Joseph, si notre père nous voyait ! » Villepin éclate de rire et me dit : « Ne t'en fais pas, mon vieux, tu n'as encore rien vu. »

Jeudi 9 mai, 10 heures. Mon premier Conseil des ministres. Depuis ma place en bout de table, avec les autres secrétaires d'État, j'observe le président de la République, que je trouve grave et solennel. Je songe que c'est à lui que je dois d'être là. Je l'ai rencontré de nombreuses fois, bien sûr, mais je ne suis pas du tout ce que l'on appelle un « intime ». L'origine première de mes convictions, comme gaulliste de droite, m'a naturellement toujours conduit vers Jacques Chirac. Mon engagement en sa faveur date des années 1993-1995, dans le club de ceux que la presse appelait à l'époque les « bébés Chirac », emmené par Hervé Gaymard, François Baroin et Pierre Bédier. Aucun d'entre nous d'ailleurs, malgré les aléas de la vie, n'a depuis changé de ligne, ni même faibli vis-à-vis de lui. Simple question de fidélité et de reconnaissance. Comme si, finalement, les choses ne s'étaient jamais posées autrement.

Ce premier Conseil s'achève. C'est une réunion d'installation à la fois brève et formelle. Les choses sérieuses ne commenceront qu'après. Vient ensuite la séance traditionnelle de photos sur le perron de l'Élysée. Puis, c'est l'heure de mon premier point de presse en tant que porte-parole. L'atmosphère y est conviviale. Les journalistes sont à l'affût des plus petits détails dans les comportements ou dans les petites phrases des uns et des autres. Moi, par construction, j'ai changé de costume : ni polémique ni formule assassine. Le temps sera désormais pour moi celui du « compte rendu objectif et de la mise en perspective de l'action gouvernementale... ». J'y reviendrai un peu plus loin.

Chacun est rentré dans son ministère. Il fait beau sur Paris. Le vrai travail commence.

Être ministre, c'est avant tout ce qu'on en fait. Certes, il y a six, sept ou huit fonctions essentielles sur lesquelles on doit marquer l'empreinte de son passage mais, en réalité, pour tous les grands ministères, les règles sont les mêmes. Certains se laissent submerger par leur administration, ou accumulent les faux pas dès leur arrivée, d'autres, au contraire, frappent tout de suite par leur autorité, leur clarté de vue, les fonctionnaires qui sont placés à leur disposition.

« L'entourage », un terme clé pour comprendre comment ça marche

La règle primordiale, c'est de savoir s'entourer. Les premières heures et les premiers jours de la prise de fonctions sont déterminants. Le travail arrive très vite, il y a mille choses à décider. D'où l'utilité d'avoir un cercle de confiance, des collaborateurs dévoués pour guider les débuts. Formidable privilège qu'offre le métier politique : pouvoir s'entourer de collaborateurs exceptionnels qui ne comptent ni leur temps ni leur dévouement. Et qui le font simplement parce qu'ils croient en vous. Parce qu'ils aiment votre exigence et pardonnent vos excès. J'en retire une source inépuisable d'émulation. C'est pour cela que mes plus proches collaborateurs sont les mêmes depuis plusieurs années. C'est aussi pour cette raison que j'ai toujours, dans mes différents postes, refusé de me faire imposer mes directeurs de cabinet : cela pourra surprendre, mais il n'est pas rare qu'à votre arrivée à un nouveau poste ministériel, on vous fasse comprendre qu'untel ou untel est vraiment l'homme de la situation. Il faut savoir résister, et garder sa liberté de choix.

La constitution d'un cabinet ministériel exige beaucoup de rigueur. On doit pouvoir associer, au sein d'une même équipe, des techniciens de haut niveau, mais aussi des conseillers politiques. Il faut veiller en permanence à ce que les uns et les autres travaillent ensemble. Or, dans ce domaine, rien n'est acquis à l'avance. Le rôle des collaborateurs de cabinet d'un ministre est absolument stratégique. Car ils vont guider, éclairer, conseiller le ministre et l'accompagner dans la prise de décisions. C'est dire combien leur avis, leur expertise sont essentiels. C'est dire aussi combien le ministre doit en permanence avoir le recul suffisant pour que la décision qu'il va prendre soit en parfaite cohérence avec la ligne politique qu'il a définie. Et parmi les interrogations constantes, il y a celle qui consiste à savoir si le conseil qui lui est donné n'est pas trop technocratique, n'est pas seulement l'émanation de la doctrine de son administration qui, au-delà des ministres qui passent, veut imposer sa propre ligne. Il faut aussi s'assurer que les décisions intègrent une dimension politique, en adhésion avec la réalité du quotidien, avec les attentes des gens. En théorie, tout cela peut aller de soi. En pratique, il faut bien surmonter des contradictions innombrables, trancher entre deux, trois ou quatre inconvénients.

Puis il y a les dilemmes impossibles, que personne ne veut véritablement vous conseiller de trancher. Comment oublier, par exemple, ce petit conflit qui a opposé pendant plusieurs semaines mon conseiller parlementaire et mon directeur de cabinet au ministère du Budget concernant le problème des chasseurs ! Le président de la Fédération nationale des chasseurs me sollicite au mois de mai 2005. Je le reçois à l'initiative de mon conseiller parlementaire. Mon visiteur m'indique que les fédérations départementales ont déposé des recours contentieux qui ont toutes chances d'être gagnés contre l'État. Le risque financier est de l'ordre de 30 millions d'euros. Il me propose, en échange du retrait de ces recours, un abondement budgétaire sur le Conseil national de la chasse pour une vingtaine de millions d'euros. Mon conseiller parlementaire y est très favorable. Les députés et sénateurs proches des milieux des chasseurs sont nombreux, ce contentieux dure depuis longtemps, et il a raison de m'indiquer que si le ministre du Budget résout cette question, c'est évidemment une manière de régler une incompréhension qui n'a que trop duré. Mon directeur de cabinet, Philippe Josse, ne l'entend pas de cette oreille. Sa vision budgétaire des choses lui commande de me conseiller de ne rien faire pour des raisons d'équilibre budgétaire évidentes sur l'année 2005. Évidentes alors même que le contentieux – s'il doit aboutir – prendra quelques années... Pour cette fois, je tranche aisément en faveur des chasseurs. C'est le bon sens même que de régler un litige qui donne de l'État une mauvaise image, mais je sais que, dans cette affaire, mon directeur de cabinet avait lui aussi une logique imparable.

Des anecdotes comme celle-là, je pourrais les multiplier. Elles font le quotidien d'un ministre et exigent donc une implication personnelle de celui-ci dans le management de son équipe. C'est la raison pour laquelle, contrairement à l'usage, je préside moi-même les réunions de cabinet hebdomadaires et je suis en première ligne pour m'assurer que l'équipe fonctionne en pleine cohérence.

Cette démarche est d'autant plus indispensable que les jeunes hommes et jeunes femmes qui composent mon équipe (la plus jeune et la plus féminisée du gouvernement Raffarin) produisent une phénoménale quantité de travail. C'est un des grands paradoxes, que beaucoup de Français ignorent : la République paie mal ses collaborateurs au plus haut niveau de l'État, alors même que ceux-ci consacrent une énergie considérable et sacrifient beaucoup de leur temps personnel à son service.

Apte au commandement ?

La deuxième règle pour un ministre est de savoir s'imposer. L'aptitude au commandement, c'est sans doute ce que les patrons des directions d'administration observent en premier dans le regard de leur ministre. Parce que le pouvoir politique a souvent reculé face à ses responsabilités, et notamment face aux exigences d'assumer les décisions difficiles, les directeurs d'administration centrale ont souvent pris l'habitude de décider à la place de leur chef, gardant ainsi la continuité administrative au détriment de la décision politique. C'est un thème ancien sur lequel on a beaucoup écrit. Il n'en reste pas moins que, pour un ministre averti, il est indispensable de marquer son territoire immédiatement. J'en ai fait l'expérience dans les premiers jours de mon arrivée, aussi bien place Beauvau en avril 2004 au ministère de l'Intérieur, qu'en décembre 2004 lorsque j'ai pris mes fonctions de ministre délégué au Budget à Bercy.

Quelques jours après mon arrivée au ministère du Budget, parmi la montagne de parapheurs que je découvre sur mon bureau, se retrouvent en pagaille des réponses à des courriers de contribuables mécontents, des arrêtés de subventions, des décisions d'ouverture et d'annulation de crédits, des lettres de réponse à mes collègues ministres sur leurs budgets respectifs et un parapheur où il m'était demandé de signer la nomination de trois sous-directeurs à la Direction générale des impôts.

Le ministère des Finances est une administration considérable. Lorsque l'on est ministre du Budget, on commande 160 000 des 180 000 fonctionnaires de cette maison : la Direction générale des impôts (80 000 agents), la Direction générale de la comptabilité publique (55 000 agents), la Direction générale des douanes et droits indirects (20 000 agents), la Direction du budget (350 cadres), le Service de la législation fiscale, la Direction de la réforme budgétaire... Autant dire que cette administration, qui assure l'essentiel de la politique des finances publiques de notre pays, est dirigée par des collaborateurs de très haut niveau qui ont tous vocation à être nommés naturellement par le ministre.

L'arrivée sur mon bureau, de manière anodine, de ce parapheur m'invitant à signer les yeux fermés des nominations que je n'avais pas décidées me paraît être le symbole même de cette relation si complexe, et parfois un peu perverse, entre le pouvoir administratif et le pouvoir politique en France. Je bloque naturellement le parapheur en question et convoque le directeur général des impôts, dont j'ai pu par ailleurs mesurer la très grande compétence, mais qui se montre très étonné que je puisse ainsi ne pas procéder à la nomination automatique sur sa proposition des cadres concernés.

Le bras de fer commence alors entre nous. Échange courtois, mais ferme. En clair, je comprends assez vite que l'essentiel du processus est déjà largement entamé, que l'arrêté de nomination n'est en fait qu'un arrêté de régularisation car les responsables concernés sont déjà en poste depuis plusieurs semaines ! Furieux de m'y être laissé prendre, je marque ma mauvaise humeur en bloquant pendant plusieurs semaines la signature de ces arrêtés et fais vivement comprendre à ceux qui m'entourent que je ne m'y laisserai pas prendre une deuxième fois.

Un ministre est donc, d'abord, le patron de son administration. Le terme de patron est certainement celui qui décrit le mieux la situation car, dans le regard des directeurs, il y a le plus souvent le respect sincère vis-à-vis de l'institution ministérielle, mais aussi – on ne peut s'empêcher de le voir – l'idée que le ministre est de passage alors que l'administration est perpétuelle...

D'où l'importance de savoir rapidement s'imposer. Pour cette raison, je m'astreins à voir personnellement chacun de mes directeurs tous les dix jours avec leurs collaborateurs, afin que chaque responsable administratif sache précisément pour qui il travaille et qu'il s'inscrive pleinement dans la ligne politique que j'ai fixée. J'ai d'ailleurs remarqué que les notes stratégiques étaient bien meilleures et bien plus opérationnelles lorsque leurs auteurs venaient me les présenter personnellement. Ils se sentent consultés, associés à la décision et, au final, soutenus par leur ministre.

Il existe aussi une « magie » administrative, lorsque les directeurs d'administration et chefs de service connaissent parfaitement la ligne politique qui est définie, et que l'organisation du travail les amène à rendre compte très régulièrement de leur action à leur ministre et à son cabinet. Ainsi de petits miracles peuvent-ils se produire. Je ne compte plus le nombre d'actions qui ont été conduites – remarquablement – par des équipes administratives bien rodées, et le nombre de chantiers restés bloqués pendant des années qui se sont tout d'un coup mis en route. L'exemple de la politique immobilière de l'État est éclairant. En juin 2005, un rapport parlementaire, dirigé par le député Georges Tron, pointe de façon accablante l'incapacité de l'État à gérer son patrimoine immobilier. Pas de pilote, pas de méthode, pas de vision stratégique, des objectifs chiffrés de vente annoncés et jamais atteints. Piqué au vif, je convoque l'ensemble des responsables de la Direction générale des impôts, du service des Domaines, de la mission immobilière de l'État. En seulement six mois, nous avons mis en place un dispositif opérationnel pour atteindre les objectifs de vente annoncés (630 millions d'euros, un record absolu) et installer une véritable agence immobilière de l'État répondant au doux nom de « France Domaines », gestionnaire de 26 millions de mètres carrés.

Tenir son territoire pour le faire prospérer

Il est une troisième règle, c'est de prendre très vite la mesure de son périmètre gouvernemental et de l'exploiter à fond. Un ministre ne réussit pas parce qu'il a beaucoup de pouvoir. Un ministre réussit s'il sait être créatif, s'il est capable très vite d'imposer une ligne politique lisible aussi bien pour le grand public que pour l'ensemble de son administration.

On peut être très actif et faire beaucoup à la tête d'un petit secrétariat d'État, comme on peut être totalement absent à la tête d'un grand ministère. Ce qu'a résumé avec humour Nicolas Sarkozy lorsqu'il a déclaré : « Si j'étais secrétaire d'État aux choux farcis, les Français entendraient beaucoup parler des choux farcis ! »

Ainsi, à la tête du seul secrétariat d'État à la réforme de l'État avec peu de moyens, mon collègue Éric Woerth s'est fait rapidement connaître pour des actions très originales au service des administrés : créations de numéros verts, lancement de stratégies ministérielles de réformes, permanences auprès des usagers dans les grandes villes... Autant de « petits » sujets qui, au fil des semaines et des mois, lui ont permis d'exister sur la scène médiatique et de donner du sens à la réforme de l'État.

Il est donc indispensable de consacrer le premier mois de son exercice ministériel à déterminer les premières lignes stratégiques, les premiers objectifs, les premiers messages à adresser au grand public comme à ses collaborateurs, les premières haies que l'on veut franchir, les premiers points à atteindre. C'est uniquement à travers l'affichage d'une forte détermination que l'on parvient à forger sa crédibilité.

Puis cela amène naturellement aussi à déterminer son périmètre par rapport à ses autres collègues ministres. Le mot clé est celui de rapport de force. En politique tout est rapport de force. Il y a ceux qui sont traditionnels : ministre de l'Intérieur contre ministre de la Justice, ministre de l'Économie contre ministre des Affaires sociales... Et ministre du Budget contre tous les autres !

Il y a aussi les rapports de force inévitables entre les ministres de tutelle et leur ministre délégué ou secrétaire d'État. Chacun doit trouver sa place, son territoire en fonction de sa personnalité, de ses ambitions, de sa maturité, de sa proximité avec le chef... ou avec le chef du chef !

Je croise un jour l'un de mes collègues ministres. Nous sommes en pleine négociation budgétaire pour 2006. Bien que nous soyons copains de longue date et que nous ayons toujours eu des relations très cordiales, le regard qu'il me lance est, ce jour-là, plutôt inhabituel.

Un peu goguenard, il me demande : « Alors ce budget, difficile à boucler ?

— Ah, lui dis-je, c'est *business as usual.* Tu sais, à cette période de l'année, c'est toujours un peu difficile. Tous nos collègues ministres considèrent que leurs budgets sont des priorités nationales. Soit ce sont des gros budgets, et les Français ne comprendraient pas – paraît-il – qu'on les réduise, soit ce sont des petits budgets, et on m'explique que c'est dans "l'épaisseur du trait". Donc, oui, je te le confirme, la période est difficile. D'ailleurs, ton secteur est aussi concerné ! »

Je le vois me regarder de très, très haut.

« Non, non, me dit-il, pour mon budget il n'y a pas de problème. Tu recevras les consignes d'en haut. » Et il s'en va.

Dans ces moments-là, on se sent si petit que l'on a envie de tout casser...

Mais la plupart du temps, les vrais rapports de force, ceux qui comptent, ceux qui montrent les hommes dans leur tempérament, sont ceux qui opposent les ministres sur les grands sujets et les grands arbitrages politiques. J'aurai l'occasion tout au long de ce livre d'en évoquer plusieurs illustrations. Mais je veux dire qu'il en est un qui sort du lot, c'est Thierry Breton. Nommé ministre de l'Économie et des Finances en mars 2005, à la suite du départ d'Hervé Gaymard, il symbolise la pleine réussite d'un recrutement issu du privé vers le monde politique. Un fait suffisamment rare pour être souligné. Sur le papier, il y avait quelques raisons de craindre que notre tandem de ministre/ministre délégué connaisse des difficultés, parce que les rapports de pouvoir entre le ministre de l'Économie (dont le bureau à Bercy est au sixième étage) et le ministre délégué au Budget (lui, au cinquième étage) ne sont jamais simples. C'est au sixième étage qu'est placée l'autorité de tutelle... mais c'est au cinquième qu'est détenu l'essentiel de l'information sur le budget, les impôts, les douanes. Et comme nous avons tous deux du tempérament, les choses auraient pu mal se passer... Il n'en a rien été. La règle du jeu avait été très vite fixée autour d'une vraie répartition des tâches et d'une coordination de tous les instants. Partager les missions est indispensable tant l'activité est lourde, des négociations budgétaires à la politique fiscale en passant par l'intense travail à mener sur le plan européen et international... sans oublier les dizaines et dizaines d'heures qu'il faut consacrer à la discussion parlementaire.

La coordination permanente, indispensable, nous a permis de forger au fil du temps et des combats une complicité et, je crois, une efficacité authentiques. Et puis, je le dis sans fard, parce que Thierry Breton a eu une vie avant « la » vie – il a créé le Futuroscope de Poitiers avec Monory et Raffarin, il a présidé de très grandes entreprises, il a parcouru le monde entier et il a même été prof de maths ! –, j'apprends beaucoup de ce patron-là.

Disant ainsi tout le bien que je pense de lui, j'imagine que s'il y avait un millimètre de mauvais esprit chez un lecteur, celui-ci pourrait s'inquiéter : on croyait que l'auteur de ce livre arrêtait la langue de bois ?

Alors, une anecdote. Une seule.

Un mardi matin d'octobre 2005, nous sommes invités, Breton et moi, par Bernard Accoyer, président du groupe des députés de l'UMP, à présenter la grande réforme fiscale que nous avons élaborée avec Dominique de Villepin et nos collaborateurs respectifs. Cette réunion est capitale. L'exposé doit être réussi car il représente un examen de passage crucial pour la suite. Comme c'est mon « cœur de métier », j'étais celui des trois qui s'y était techniquement le plus impliqué... mais on sait que ça n'est pas toujours sur ce critère que l'on est le plus souvent valorisé. Sauf là. Thierry Breton m'appelle la veille au téléphone :

« Le ministre du Budget, c'est toi ? me demande-t-il.

— Oui, lui dis-je un peu surpris. Sauf si tu as des infos récentes qui m'ont échappé. »

Il rigole et reprend :

« Demain, devant le groupe parlementaire, la réforme fiscale, c'est toi qui la présenteras à la tribune. Moi, je serai dans la salle. »

J'ai fait mon topo. Les députés ont applaudi. Chaleureusement. Et lui aussi. Le fair-play en politique, ce n'est pas fréquent. Mais ça, c'est un petit geste qui, en fait, en est un grand. *I am first. Nobody is second*, pensent beaucoup d'hommes politiques. Pas lui. Pas là.

Le temps : un compagnon insaisissable

La dernière règle pour un ministre est de savoir maîtriser le temps. Le temps court et le temps long. Le temps court, c'est la semaine. Celle où tout peut arriver : une réunion syndicale qui se passe mal, une formule malheureuse à la télévision ou dans un déplacement, une décision mal expliquée. En vingt-quatre ou quarante-huit heures, tout peut basculer. On en mesure le poids dès le lundi matin, consacré à préparer les enjeux lourds de la semaine. Le mardi, les députés reviennent après trois jours passés dans leur circonscription, généralement focalisés sur la mesure qui a énervé leurs électeurs. Le mercredi, c'est le Conseil des ministres à l'Élysée qui donne lieu à de nombreuses annonces et commentaires de presse. Le jeudi matin peut encore susciter quelques difficultés, tandis que la pression commence à s'alléger dans l'après-midi ; les trois derniers jours sont alors consacrés à préparer les chantiers à suivre. Chaque semaine, cette unité de temps court ressemble donc à une haie supplémentaire qu'il faut franchir, sans jamais tomber ni même trébucher. Et sans jamais se retourner. Au début, le franchissement des haies semble facile. Imperceptiblement pourtant, leur hauteur s'accroît. Et on ne tient qu'en conservant à l'esprit la perspective du temps long.

Le temps long ? Pas d'erreur. Le temps long au gouvernement, ce n'est pas cinq ans. Le temps long pour un ministre se limite à une perspective entre six et neuf mois. C'est le temps d'un style, d'une marque. Pour définir une stratégie, des orientations. Prendre des décisions et veiller à leur lancement.

Temps court, temps long : la dialectique permanente dans laquelle se trouve placé chaque ministre. Exister dès les premiers jours sans se ridiculiser par des formules maladroites ou inopportunes. Présenter très vite des lignes de force. Incarner une autorité, une maturité dans les fonctions qui lui sont confiées. Choisir les hommes, donner une force symbolique à certaines nominations soit par leur caractère politique assumé, soit par la mise en place d'une organisation administrative nouvelle. Tout cela correspond aux exigences du temps court.

Mais il y a aussi l'exigence du temps long, la capacité, après les premières semaines, de porter un message politique sur la durée, de donner le sentiment à ses collaborateurs que l'on est là pour longtemps, que ce que l'on veut mettre en place doit s'inscrire sur le long terme. C'est ainsi que beaucoup de ministres font l'erreur de ne pas se préoccuper de la modernisation de leur administration, alors que celle-ci est indispensable et doit là aussi leur permettre de marquer leur empreinte.

Or la véritable difficulté pour un ministre, c'est qu'il est sans arrêt en situation de risque. Il l'est dans l'instant parce qu'il s'exprime devant les Français, qu'il est jugé en temps réel par l'opinion publique, qu'une décision d'annonces appelle très vite une attente de résultats et que si ces résultats ne sont pas atteints rapidement, le retard suscite la déception et le discrédit. Il est en situation de risque aussi dans la durée parce qu'il faut que l'arrière tienne. De ce point de vue, l'administration et le cabinet observent sans cesse leur patron pour voir s'il est crédible, déterminé dans la mise en œuvre de ses actions, s'il est sur tous les fronts en même temps et capable d'en sortir chaque fois victorieux. J'ai moi-même été au cœur de cette dialectique. En 2005, j'ai engagé toute une série de chantiers de modernisation de l'administration fiscale : télédéclaration, déclaration simplifiée, charte du contribuable, relance à l'amiable, déclaration préremplie... Là, on a le sentiment de faire bouger les choses et on se situe dans le long terme.

Cependant, on est vite rattrapé par le temps court : je garde ainsi un souvenir angoissé de l'embouteillage de la télédéclaration, qui a failli tout faire capoter. J'essayais devant les journalistes de faire bonne figure et d'expliquer que c'était la rançon du succès. Mais je ne décolérais pas face à ce phénomène de société que nous n'avions pu anticiper. 3,7 millions de télédéclarations, alors qu'on en attendait 1,5 million, personne ne l'avait prévu !

Être ministre, c'est donc éprouver en permanence un sentiment d'excitation et de frustration. Excitation parce qu'on a des idées, parce qu'on y croit, parce qu'on veut les réaliser. Excitation parce qu'on a inévitablement un sentiment de pouvoir, l'impression que l'on peut décider pour l'éternité. Frustration aussi de voir que les choses mettent un temps infini à se réaliser ! Parce que les lourdeurs administratives sont importantes et qu'il faut sans arrêt se battre pour surmonter les pesanteurs. Dans ce métier, on comprend très vite que le seul fait d'avoir donné une instruction ne suffit pas, qu'il faut sans cesse y revenir, vérifier qu'elle est exécutée, s'assurer des conditions et des relais de son exécution. Il faut enfin balayer les arguments évoqués et réévoqués par une administration qui par définition approuve le principe de la décision ministérielle mais ne cesse de faire remonter les difficultés d'application, les obstacles que l'on n'arrive pas à contourner.

Du point de vue du long terme, je pense que nos institutions ne fonctionnent pas bien. Prenons l'exemple de Bercy. Alors que la Grande-Bretagne a connu un seul ministre de l'Économie et des Finances en dix ans, la France en a connu dix. Il y a en France un syndrome très curieux qui veut que, lorsqu'un ministre a exercé ses fonctions pendant dix-huit mois, deux ans, deux ans et demi, il est réputé usé. On envisage déjà de le changer. Je pense l'inverse. Une gouvernance moderne exige d'inscrire les ministres dans la durée. Il en va d'abord de l'efficacité de leur action. Seul un ministre qui dure peut mener à bien ses dossiers, sans quoi l'administration prend ou reprend inévitablement le contrôle et recycle les mêmes idées de fond de tiroir à chaque ministre qui arrive... en attendant le suivant.

Il en va aussi de la crédibilité de la France vis-à-vis de ses partenaires. On le voit bien, en particulier, dans les Conseils européens où le zapping français suscite souvent l'ironie de nos amis de l'Union. Il en va enfin de l'image des hommes et des femmes politiques. Les Français ignorent beaucoup de leurs ministres, dont ils n'identifient ni l'action ni même parfois le nom ou le visage. Cette méconnaissance nuit profondément à la compréhension nécessaire avec leurs dirigeants.

Je pense donc qu'il faut stabiliser les portefeuilles. Les Français, contrairement à ce que l'on croit, ne se préoccupent pas seulement du président de la République et du Premier ministre. Ils sont, à travers leurs activités, leurs centres d'intérêt, attentifs à celui qui est censé être le pilote de l'avion sur chaque sujet. C'est d'ailleurs pour cela que les gouvernements pléthoriques sont très vite mal vécus, critiqués. Ils donnent un vrai sentiment de confusion.

De ce point de vue, Dominique de Villepin, lorsqu'il a constitué son gouvernement, a pris une décision courageuse. En réduisant son équipe ministérielle à trente et un membres, soit onze de moins que dans l'équipe précédente, il savait qu'il allait créer beaucoup de frustrations et d'amertume : dix-sept membres n'étaient pas reconduits. Ce sont autant de situations personnelles douloureuses à traiter pour des ministres qui n'avaient pour beaucoup d'entre eux pas du tout démérité.

Selon moi, l'armature idéale, c'est quinze ministres et quinze ministres délégués bien identifiés pour chaque grande mission de l'État : Défense, Éducation, Justice, Économie, Intérieur... Et il faut graver ces missions dans le marbre, définir, une fois pour toutes, les ministères plutôt que d'opérer des redécoupages à chaque remaniement. D'autant que ces redécoupages veulent recouvrir une signification politique immédiate : davantage de social, d'économie, de justice, de sécurité. Mais en réalité, l'affichage de la priorité fait bien plus la différence que le redécoupage ministériel, qui introduit souvent la confusion et quelques blocages liées aux inévitables restructurations entre les services et les directions. Je crois donc beaucoup plus utile de retenir un découpage qui soit calqué sur les missions gouvernementales.

Il est vrai que des sujets nouveaux, des priorités surgissent et nécessitent d'être privilégiés en fonction de l'actualité ou des choix politiques : le droit des victimes, la petite enfance, le handicap... Je propose pour cela d'adosser à ces quinze ministères des parlementaires en mission pour une durée de six mois dotés de vrais moyens. Il ne s'agit pas de faire des rapports qui restent dans les tiroirs, mais de conduire de vraies « missions commando » tournées vers l'opérationnel avec en prime la possibilité pour les Français de voir ainsi, à travers les résultats obtenus, apparaître de nouveaux talents et de donner une réalité au renouvellement de la classe politique.

2

Le savoir-faire et le faire savoir

Janvier 2003. Olivier Mazerolle, qui est alors le patron de la rédaction de France 2, me propose d'être pendant dix minutes le contradicteur de Dominique Strauss-Kahn, principal invité de l'émission « 100 minutes pour convaincre ». J'accepte immédiatement, même si les conditions de ce débat m'inquiètent un peu. On m'impose d'être en duplex et non sur le plateau, donc avec la contrainte, toujours pénible, de devoir dialoguer par oreillette interposée en dehors du studio. On ne jouera pas à armes égales.

Me voilà donc en duplex depuis mon bureau de la mairie de Meaux. Mon intervention est prévue à 22 h 15, mais je suis naturellement assis dans mon fauteuil de téléspectateur dès le début de l'émission à 21 heures. Les premiers ennuis commencent. Pour faire passer le câble de la régie, on entrouvre la fenêtre de mon bureau et, comme il fait un froid épouvantable, je me trouve très vite dans des conditions des plus inconfortables pour me préparer. Arrive mon tour, il est 22 h 15. Face à un Dominique Strauss-Kahn largement échauffé par une heure d'émission, bénéficiant des avantageux plans de coupe de sa charmante épouse, Anne Sinclair, présente dans le public, je vois très vite que je suis en situation de faiblesse... Et là arrive le pire : des pannes de son successives qui font que je n'entends que de manière très hachée la voix de mon adversaire. Pour compenser, j'en rajoute, je hausse le ton. Bref, ce débat qui ne dure que douze minutes est un bide total et sans doute pour Dominique Strauss-Kahn une source de satisfaction extrême ! Je jurai, en achevant l'émission, que l'on ne m'y reprendrait plus.

J'ai pourtant fait le choix de devenir un habitué des médias. Et je l'assume totalement, parce que j'ai depuis toujours acquis la conviction qu'on ne réussit pas en politique sans une présence forte et fréquente à la télévision et à la radio : c'est une nécessité absolue si l'on veut faire passer ses idées auprès du plus grand nombre, si l'on veut être plus et mieux connu pour ce que l'on est vraiment. Je sais qu'il est de bon ton d'être parfois critique à l'égard de cette démarche. Être médiatique serait, aux yeux de certains, avoir fait le choix de l'artifice, de la superficialité. Je ne crois rien de tout cela. C'est aujourd'hui le seul moyen de pouvoir s'adresser directement et régulièrement aux Français. Et de ce point de vue, on ne peut pas tricher sur le long terme. Certes, il y a l'illusion des deux infinis : l'émission que l'on rate, comme celle de mon débat avec Dominique Strauss-Kahn, mais aussi celle où l'on fait un carton, en audience et en qualité ; mais dans un cas comme dans l'autre, c'est éphémère.

Un profil, une image se forgent dans la durée. Le téléspectateur s'habitue peu à peu à vous et alors seulement vous affirmez votre vrai tempérament, notamment dans la difficulté. Être présent sur les plateaux les soirs de défaite électorale est infiniment plus difficile que de venir simplement annoncer ou valoriser les bonnes nouvelles. Accepter des débats contre des adversaires habiles ou efficaces, voire démagogiques, c'est nécessaire pour montrer qu'on n'a pas froid aux yeux et qu'on croit à ses idées. Voilà pourquoi je n'ai jamais refusé aucun débat, ni contre Philippe de Villiers pendant la campagne du référendum européen, ni contre Jean-Marie Le Pen.

Porte-parole, un métier ? Oui

Mais intervenir dans les médias, participer aux débats télévisés, aux émissions de radio en qualité de porte-parole du gouvernement, voilà qui répond à des règles et des contraintes spécifiques. Lorsque Jean-Pierre Raffarin m'a nommé porte-parole de son gouvernement, j'ai eu très vite conscience que j'héritais là d'une fonction pour laquelle il n'existait aucun mode d'emploi. Certes, chaque gouvernement français a son porte-parole dont l'essentiel de la fonction se résume à la communication en sortie de Conseil des ministres. Max Gallo, au début des années 1980, avait été un formidable porte-parole. À l'époque, son remarquable talent oratoire forçait mon admiration. Depuis, d'autres personnalités éminentes avaient cumulé cette fonction avec le ministère du Budget, comme Alain Juppé ou Nicolas Sarkozy, ou bien avec la Culture et la Communication, comme Catherine Trautmann. Mais, en réalité, la fonction n'ayant pas toujours été bien identifiée par le grand public, j'ai vite compris que le poste était à recréer.

D'emblée, Jean-Pierre Raffarin m'avait fixé la règle du jeu : « Les bonnes nouvelles, c'est pour moi, les mauvaises nouvelles, c'est pour toi ! » Derrière cette formule ironique et plutôt réaliste, s'exprimait en réalité une demande très forte de faire exister la fonction de porte-parole à ses côtés. Le porte-parole du gouvernement est finalement à mi-chemin entre le VRP et le pompier de service. VRP, lorsqu'il s'agit d'aller vendre avec le sourire une politique gouvernementale qui est, par ailleurs, en toutes circonstances, souvent chahutée. Et pompier de service lorsqu'il s'agit d'évoquer les sujets difficiles et que personne ne veut y aller.

Mais c'est aussi une formidable opportunité pour expliquer, remettre en perspective, servir de repère finalement à ceux que le débat public passionne. On m'a d'ailleurs souvent demandé si le fait d'avoir été porte-parole des deux Premiers ministres successifs, Jean-Pierre Raffarin puis Dominique de Villepin, était de ma part une forme d'opportunisme. Les choses sont évidemment beaucoup plus complexes. Car, dans cette fonction, ce n'est pas seulement l'homme que vous défendez (les proches ou l'entourage, comme les appelle la presse, s'en chargent tous les jours). C'est le travail d'une équipe, sur la durée, y compris en période de gros temps.

Être porte-parole offre un apprentissage exceptionnel du métier politique. Ainsi depuis près de quatre ans, les deux Premiers ministres m'ont fait participer à la quasi-totalité des réunions de ministres. De la canicule aux otages retenus en Irak, en passant par l'ensemble du dispositif de réforme des retraites, de la Sécurité sociale, ou de la fiscalité, j'ai ainsi pu tenir la chronique précise de l'ensemble de l'action conduite. Me trouvant dans la cabine de pilotage, j'ai vécu de près ce qu'a constitué le quotidien de l'action du gouvernement de la France depuis 2002.

Mais j'ai surtout mesuré à quel point la communication gouvernementale est parfois mission impossible. J'en donnerai d'ailleurs de multiples illustrations dans la suite de ce livre. Mission impossible, parce que pour pouvoir expliquer, faire de la pédagogie, convaincre, il faut du temps. On peut le prendre à l'écrit : j'ai d'ailleurs créé au porte-parolat toute une série d'argumentaires envoyés très régulièrement (en moyenne trois fois par semaine) aux parlementaires et aux élus de la majorité. Mais la scène médiatique est ainsi faite que c'est presque impossible à la radio ou à la télévision. Le temps y est entièrement consacré à répondre aux critiques, à déjouer les amalgames et à lutter sans relâche contre les mots qui tuent : ces expressions toutes faites, ces slogans qui font mouche et surtout qui font peur, comme « démantèlement du service public », « précarisation », « ultralibéralisme », « tournant de la rigueur »... Autant d'étiquettes dont on ne peut bien souvent se défaire. Mauvaise foi contre explication, caricature contre pédagogie : le match n'est pas gagné d'avance.

Mission impossible, aussi, quand il faut aller annoncer les mauvaises nouvelles, assumer les erreurs, les ratés, voire défendre l'indéfendable.

Les risques du métier...

Les risques d'une fonction comme celle-là sont donc faciles à mesurer. Le premier, c'est la langue de bois. Comment ne pas subir très vite ce reproche, dès lors qu'en tant que porte-parole du gouvernement on engage plus particulièrement la parole de la France ?

Chaque mot compte, et pour cette raison chaque mot est pesé, travaillé, validé avec l'équipe du Premier ministre. Alors oui, forcément, les mots sont parfois un peu convenus et le discours dépersonnalisé.

L'exemple type, c'est ce qui m'est arrivé à l'hiver 2003, au moment de la guerre en Irak. Comme porte-parole, on m'avait demandé de tenir un point de presse quotidien. Mais je devais me limiter aux répercussions de la guerre en France et ne pas me prononcer sur les opérations en cours ni sur les aspects internationaux. Dans le contexte diplomatique, c'était au président de la République et au ministre des Affaires étrangères, Dominique de Villepin, et à eux seuls, de s'exprimer sur ces sujets. Dès le premier point de presse, après dix minutes de discours, les questions fusent : « Les Américains vont-ils s'enliser ? », « La France participera-t-elle à la reconstruction ? », « La France ne devrait-elle pas être aux côtés de ses alliés traditionnels ? »... Commence alors pour moi l'épreuve absolue de la langue de bois, qui consiste à répéter en boucle deux ou trois phrases convenues, renvoyant aux déclarations du président de la République et du Quai d'Orsay. J'en garde un souvenir amer. Heureusement pour les journalistes et pour moi, ce point de presse qui devait être quotidien fut sans lendemain !

Mais d'autres risques existent, comme celui qui consisterait, par exemple, à contredire ce qu'un autre ministre dit ailleurs au même moment ou, pis encore, à le court-circuiter en faisant une annonce le concernant avant qu'il ne se soit lui-même exprimé sur le sujet.

On court le risque également de ne pas savoir répondre à une question sur le sujet que l'on n'a pas préparé ou révisé. J'ai le souvenir d'avoir été interrogé trois mercredis successifs par un journaliste sur une obscure directive européenne concernant le droit des brevets. Je promettais chaque fois une réponse pour la semaine suivante... et j'oubliais. À la troisième interrogation, j'ai assumé mon ignorance.

Et le pire risque, bien sûr, c'est la gaffe. La formule non autorisée qui met le gouvernement ou le Premier ministre dans la difficulté à travers un mot malheureux, une information inexacte, une déclaration maladroite. J'y ai, jusqu'à présent, à peu près échappé...

Pour s'en sortir et faire de cette fonction de porte-parole un outil qui facilite la communication gouvernementale, il y a trois règles. La première consiste à travailler d'abord le fond des sujets, puis les mots, les formules pour rendre le message aussi accessible que possible au grand public. La seconde règle, c'est d'avoir une proximité totale avec le Premier ministre, une complicité telle que l'on soit en situation de pouvoir le joindre en permanence, de l'interroger sur tout, de lui proposer plusieurs formules et, bien entendu, de bénéficier de sa confiance sur tous les sujets et les principales informations, même celles qui ne doivent pas être rendues publiques.

J'ajoute volontiers une troisième règle : il faut assumer de dire les choses telles qu'elles sont. Sans chercher à provoquer. Mais sans se dérober.

J'ai encore en mémoire certaines réunions d'état-major du RPR il y a quelques années, qui étaient des monuments de langue de bois. Si on proposait de baisser les impôts, il y en avait toujours un pour dire : « Oh, là ! On va nous accuser d'ultralibéralisme ! » Si je suggérais d'évoquer les questions de sécurité – en connaissance de cause, compte-tenu de mon expérience de maire – on me mettait en garde : « Attention, on va nous reprocher de courir derrière Le Pen ! » S'il s'agissait d'aborder les échecs de l'Éducation nationale, on me rétorquait : « Ça va vexer Bayrou, qui a occupé le poste et qui est quand même notre allié dans l'opposition. » Quant à celui qui se risquait sur des propositions européennes, on lui rappelait immédiatement que la moitié des militants gaullistes avaient voté non au référendum de Maastricht.

Et le comble du comble, c'était de s'afficher à droite : le général de Gaulle ayant dit, il y a quarante ans, que le gaullisme n'était « ni de droite ni de gauche », on se voyait interdits d'affirmer haut et fort nos couleurs... On peut comprendre que, dans ce contexte, nos propres électeurs nous reprochaient sévèrement d'être inaudibles et du coup succombaient aux sirènes provocatrices de l'extrême droite ou à celles, démagogiques, de la gauche des 35 heures.

Heureusement, les temps ont commencé à changer. Le « politiquement correct » a perdu des parts de marché. Mais le combat continue.

Petite typologie pour les heureux successeurs

Pour être un bon porte-parole, il faut se mettre en situation de répondre en permanence à toutes les questions des journalistes, y compris les plus acerbes, sur des formats médiatiques très différents : entre l'enregistrement de quarante secondes pour le journal télé, l'interview du matin à la radio ou à la télévision, l'émission politique d'une heure, le débat à plusieurs autour d'une table, et les émissions non politiques, on multiplie les exercices. Prenons quelques exemples :

— L'enregistrement de quarante secondes

Contrairement à ce qu'on peut penser, c'est sûrement l'un des exercices les plus difficiles : en quarante secondes, on doit trouver la formule qui résume la réforme du moment ou qui répond aux attaques de l'opposition. Cela ne laisse aucune place à l'improvisation et à l'approximation. Il faut en quelques phrases bien préparées savoir être vendeur.

— L'interview du matin

Il s'agit en huit minutes de « réveiller » les Français à la radio ou à la télévision en répondant aux questions sur l'actualité du jour. Le format est différent mais l'exercice non moins périlleux puisqu'il faut atteindre plusieurs objectifs souvent contradictoires. D'abord, naturellement, informer, répondre clairement aux questions et éventuellement clore une polémique. Ensuite, trouver le ton juste sur tous ces sujets : cela peut être la gravité, l'optimisme, la sérénité, voire, pourquoi pas, l'enthousiasme. Et tout cela en évitant deux écueils : la formule maladroite qui rouvre une polémique et la langue de bois particulièrement soporifique si tôt le matin. Pour savoir si on a réussi ou raté une interview de ce genre, il suffit de solliciter quelques avis, les moins hypocrites possible. Car il y a des phrases clés... Celui qui vous dit : « Tu as été très bon dans ton émission ! » peut être sujet à caution. Celui qui vous dit : « Très bonne, ton émission, mais c'était difficile ! Ah, ces journalistes, ils ne font pas de cadeaux ! » vous fait généralement savoir que vous n'avez pas bien réussi.

— Le face-à-face avec des journalistes ou d'autres hommes politiques

Face aux journalistes, on court un vrai marathon. Une heure entière, des questions pointues, sur tous les thèmes : c'est l'exercice qui exige la plus grande implication sur le fond des dossiers. Chaque hésitation, chaque mot est scruté par les commentateurs. Même si les audiences ne sont pas très importantes, les reprises sur les autres antennes, l'impression qui est donnée, tout contribue à forger avec le temps une image pour chaque responsable politique qui se prête à cet exercice. J'ajoute que dans ces émissions, la place est chère et on n'a pas droit à l'erreur. Rien n'est pire que d'entendre un journaliste lâcher hors antenne à la fin d'une émission, à propos de celui ou de celle qu'il a invité(e) : « Dommage, il (elle) n'a rien dit ! » Cela signifie en clair qu'en une heure d'émission il n'y a eu ni annonce de fond ni petites phrases assassines mais seulement la langue de bois ennuyeuse. Là, on est sûr de ne pas être réinvité...

L'exercice est différent mais aussi délicat lorsqu'il s'agit de débattre avec d'autres personnalités politiques. Aujourd'hui des émissions telles que « France Europe Express », animée par Christine Ockrent, amènent l'invité principal à devoir affronter trois à quatre adversaires ou interlocuteurs tout au long de la soirée afin de donner du rythme à l'émission.

Chaque fois que j'ai été invité à ce type d'émissions, je me suis entraîné avec mes collaborateurs, chacun interprétant le rôle d'un journaliste ou d'un homme politique. J'avoue m'être particulièrement préparé pour le débat qui m'a opposé à Jean-Marie Le Pen : je voulais absolument le gagner, et ne donner à aucun moment l'illusion à mon contradicteur qu'il avait pu me dominer. L'un de mes collaborateurs avait interprété le rôle du leader du Front national, de manière talentueuse d'ailleurs, tandis qu'avec l'ensemble de mon équipe nous avions cherché pendant de longues séances quelle pouvait être la manière de le mettre le plus en difficulté. Mon objectif était naturellement de montrer son archaïsme sur le fond comme sur la forme sans jamais donner le sentiment, par des mots blessants, d'apparaître insolent ou arrogant. En même temps, il s'agissait de prouver qu'il avait une fâcheuse tendance à répéter en permanence ses idées datant d'un autre siècle.

C'est Bastien Millot, l'un de mes proches collaborateurs, qui eut le bon éclair lors de la préparation en me suggérant de le traiter de « mange-disque », ces vieux appareils dans lesquels, lorsque nous étions enfants, nous introduisions un 45 tours, généralement rayé, qui tournait tout seul. La formule du mange-disque atteignit pleinement son objectif. L'émission se déroula exactement comme nous l'avions prévu, à la virgule près et selon le tempo que nous avions envisagé. Objectivement, l'obstacle avait été bien franchi.

— Les émissions non politiques

Les émissions non politiques sont celles où l'on invite des hommes politiques pour parler ou faire autre chose que de la politique. Faut-il y aller ? Éternel débat. Faut-il aller chanter avec sa star préférée quand on est, par ailleurs, ministre ou responsable de l'opposition ? Faut-il aller sur un plateau avec sa famille, sa femme, voire ses enfants ? Faut-il parler de ses goûts, de sa vie personnelle, de son enfance ? Est-ce que cela fait gagner des voix ? Est-ce que cela crée de la sympathie ? Est-ce que c'est la fameuse manière de démontrer aux Français que l'on est comme les autres (alors qu'on ne l'est pas tout à fait) ? Toutes ces questions finalement sont laissées à la libre appréciation de chacun. Pour ma part, je ne suis pas choqué qu'un certain nombre de figures politiques assouplissent un peu la séparation stricte entre sphère publique et sphère privée, à condition qu'elles vivent bien elles-mêmes cet assouplissement, et que celui-ci soit conforme à la vérité et non pas joué ou surjoué.

Enfin, il y a les émissions à gros risques, comme celles de Marc-Olivier Fogiel ou de Thierry Ardisson, qui sont par ailleurs l'un et l'autre de remarquables intervieweurs. Mais là, l'exercice est périlleux. On peut se retrouver entouré de personnalités qui n'ont rien à voir avec la politique : un comédien, un humoriste, un chanteur à succès. Il n'est pas toujours facile dans ce contexte de divertissement d'évoquer sans polémique ni paillettes des sujets ardus. Sans compter que le public est parfois invité à siffler ou à huer l'invité politique, tête de Turc idéale... Rien n'est jamais à exclure, mais la vigilance s'impose.

Politique et téléréalité

On le voit, la gamme d'émissions disponible pour les hommes politiques est finalement assez étendue. Et pourtant, elle est, à peu de chose près, la même qu'il y a vingt-cinq ans. Quand on y regarde d'encore plus près, on est obligé de reconnaître une dure réalité : les Français regardent de moins en moins les émissions politiques et par ailleurs ils trouvent toujours que le gouvernement, qui annonce les mauvaises nouvelles, communique très mal. À l'évidence, le genre a moins de succès qu'avant. Seuls les passionnés de politique ou ceux qui s'intéressent plus particulièrement à tel ou tel grand sujet du moment – l'immigration, la sécurité, la fiscalité – regardent ces émissions qui sont d'ailleurs, sauf quelques rares exceptions, diffusées beaucoup trop tardivement. Mais en fait le grand public n'y adhère pas. Pour les Français, l'information est au journal de 20 heures, où tout est dit. Et pour beaucoup d'entre eux, on ne va pas chercher plus loin. Il y a donc grande nécessité de renouveler le genre de l'émission politique.

Un jour du mois de juin 2003, Ruth Elkrief, journaliste politique reconnue, me téléphone. Elle me propose de participer à une émission de télévision totalement nouvelle, une sorte de réunion d'appartement : un homme politique va chez une famille française et répond, sous l'œil des caméras, à toutes ses questions dans une discussion sans tabou à bâtons rompus. Bref, une forme de confrontation en direct comme j'ai l'habitude de le faire depuis de nombreuses années dans ma ville de Meaux avec mes administrés. L'idée me séduit. Mais Ruth Elkrief me précise alors son projet : il s'agit de s'extraire pendant vingt-quatre ou trente-six heures de sa vie professionnelle pour vivre sur place avec la famille de Français susceptible d'accueillir le responsable politique ; celui-ci devait même dormir à l'hôtel d'à côté, toujours sous l'œil des caméras. La journaliste attend ma réaction. Je lui dis ma grande réserve sur cette partie-là de l'émission. Autant l'idée d'une réunion d'appartement filmée, sous forme d'un dîner, par exemple, ou d'une soirée, me paraissait avoir beaucoup de sens car c'était l'occasion d'un dialogue très direct avec une famille, autant la perspective d'être filmé dans ma chambre d'hôtel en train de me brosser les dents me semblait grotesque ! Je suggère à Ruth Elkrief de la revoir à la fin de l'été pour en reparler avec elle.

L'été se passe. L'été 2003, c'est celui de la canicule : nous avions d'autres chats à fouetter ! Le 27 août 2003, Ruth Elkrief me téléphone. Elle me dit : « Écoutez, ne vous inquiétez pas, mais le patron de TF1 a annoncé la nouvelle grille de programmes pour la rentrée et a déjà lancé le concept et donné votre nom. »

Sur le moment, j'avoue ne pas m'en être inquiété car, à l'exception bien sûr du passage à l'hôtel, l'idée centrale de l'émission me convenait, me paraissant vraiment renouveler le genre puisqu'elle se déroulait sans journaliste.

Le lendemain, 28 août, je découvre horrifié à la une de *France Soir* une photo de moi dans le décor de l'émission de téléréalité « Nice People » avec comme légende : « Vous avez aimé Loana, vous adorerez Copé ! »

En vingt-quatre heures, je vois monter une polémique inimaginable. En annonçant par avance un nouveau concept de téléréalité politique, Étienne Mougeotte, bien involontairement, venait de tuer un concept pourtant *a priori* innovant.

En effet, les critiques médiatiques ont fusé aussitôt de toutes parts devant une classe politique interdite, parce que, pour la plupart de ses membres, elle ne connaît pas bien les nouvelles émissions plébiscitées par les Français. Les coups pleuvaient dans tous les sens et j'ai pu d'ailleurs, à cette occasion, mesurer combien une large part de la presse écrite haïssait TF1 et saisissait là l'occasion rêvée de cogner la première chaîne privée de télévision française...

Tout cela m'avait assez vite échappé. Les rubriques télé de chaque journal étaient remplies de commentaires en tous sens sur ce sujet, au point que Jean-Pierre Raffarin, lui-même, trouvant que la plaisanterie avait assez duré, lâcha à l'occasion d'une interview dans *Le Figaro* sur la rentrée sociale une petite phrase sur le thème : « Je ne souhaite pas que l'on filme mes ministres en pyjama. » C'est grâce à cette déclaration que j'ai pu me sortir de ce mauvais pas en indiquant, à mon tour, que les esprits n'étaient pas mûrs, et que la polémique ambiante n'était pas propice au déroulement d'une telle émission.

Il n'empêche, cette anecdote montre les limites du système. On se trouve vraiment dans une équation impossible. D'un côté, la nécessité de trouver de nouveaux moyens d'intéresser les Français à la politique en les mettant, par télévision interposée, en situation. De l'autre, les débats convenus où chacun est dans son rôle, le journaliste qui pose des questions convenues à un homme politique convenu qui lui répond de manière convenue, le tout exaspérant tout le monde. Sans oublier, à l'autre extrême, le reproche de la surexposition médiatique, le risque, réel, de faire n'importe quoi dans des émissions mal calibrées. Tout cela rend bien difficile la construction d'un message politique continu à la télévision pour les Français.

Et pourtant, j'en suis persuadé, les Français ont une véritable soif de débat, le référendum sur la Constitution européenne l'a montré. Ils se passionnent dès lors que le sujet les engage et qu'ils ont besoin à la fois de s'informer et de se forger une opinion.

L'émission « 36 heures », proposée par Ruth Elkrief et TF1, n'avait certes pas toutes les vertus et les esprits n'étaient probablement pas prêts pour l'assumer, mais elle permettait de confronter directement les hommes politiques aux Français en dehors du schéma classique journaliste-homme politique. Il est étonnant de constater que le dialogue direct entre un Français et un homme politique puisse exister en toute simplicité dans la réalité, comme le montrent toutes les expériences locales, et que la télévision soit incapable, pour le moment, d'en rendre compte.

Je suis convaincu que ce type d'émission aura sa place dans l'avenir ; à condition que les règles du jeu soient claires et que l'objectif ne soit évidemment pas de piéger l'homme politique, mais tout simplement de lui faire sortir le meilleur de lui-même dans une discussion sans concession filmée deux à trois heures durant avec une famille ou un groupe de Français mis en confiance, susceptible de poser toutes ces fameuses questions que les journalistes ne posent plus. Ainsi pourrait-on tout à fait imaginer qu'un ministre de l'Éducation nationale passe une soirée filmée avec un groupe d'enseignants, uniquement pour parler de l'école et pour montrer les contradictions, les difficultés, la complexité de sa condition de ministre, en essayant d'expliquer et de surmonter les blocages du dialogue syndical convenu. Je crois vraiment qu'il y a là une piste qu'il faut explorer. Cela permettrait de montrer aux Français, à travers leur propre miroir, comment ils raisonnent, ils réfléchissent, et de démonter les critiques, les oppositions mais aussi de mieux les comprendre. En cette période où le désaveu de la classe politique est si lourd à porter, on n'a pas le droit de refuser des nouvelles pistes, si innovantes ou audacieuses soient-elles.

3.

N'oublie pas qui t'a fait roi

« Alors, maintenant, on ne va plus vous voir ? »

C'est un dimanche matin sur le marché de Meaux, la ville dont je suis l'élu depuis 1995, quelques jours après ma nomination au gouvernement : « Alors, monsieur le maire, maintenant que vous êtes à Paris, là-haut dans les ministères, on ne va plus vous voir, n'est-ce pas ? »

Je me retourne. La dame qui m'a ainsi abordé a près de 60 ans. Je la connais bien, elle habite dans un logement social du quartier de Beauval, en pleine zone urbaine sensible. Elle a eu à surmonter beaucoup d'épreuves ces dix dernières années. Abandonnée par son mari du jour au lendemain, elle s'est retrouvée seule à devoir élever ses trois enfants qui maintenant ont grandi. Comme elle était victime de violences de la part d'une bande de voyous qui la harcelait dans la tour de son quartier, j'avais, à une époque où la lutte contre l'insécurité n'était vraiment pas la priorité du gouvernement socialiste, été contraint de lui proposer un déménagement dans un immeuble plus calme. Et puis, je l'avais aidée pour retrouver un emploi. J'avais proposé un stage à l'une de ses filles. C'est une habituée de mes permanences hebdomadaires et, pour tout dire, sa remarque m'avait beaucoup surpris.

« Enfin, madame, lui dis-je, pourquoi voulez-vous que je vous quitte ou que je quitte ma ville ? Je tiens à Meaux comme à la prunelle de mes yeux, c'est la ville dont je suis l'élu, il n'est pas de jour, de semaine sans que je me préoccupe de la manière dont les affaires de la ville sont conduites. »

Et là, elle commence à me soumettre à un questionnaire en règle : « Monsieur le maire, si vous êtes ministre, qui va nous recevoir dans les permanences de quartier ? Qui va s'occuper du chantier de construction qui est devant chez moi ? Qui va veiller à ce que nos espaces verts soient bien entretenus ?... »

Je l'interromps : « Mais je n'ai pas du tout prévu de lâcher tout cela ! Je continuerai d'être l'élu de ma ville et de m'en charger comme je l'ai toujours fait.

— Mais non, monsieur Copé, me dit-elle, maintenant que vous êtes ministre, vous serez à Paris, vous allez nous oublier. » Et là, elle me lance l'estocade finale : « De toute façon, vous êtes trop bien pour Meaux, je l'ai toujours dit à mes enfants ! »

Pour moi, le coup est rude. Qu'a-t-il bien pu se passer pour que cette femme dont je me suis tant occupé, qui suit de près les affaires municipales, puisse penser que tout ce que j'ai fait, et pour elle, et pour la ville, je ne l'ai fait que pour une chose : devenir ministre et quitter Meaux ! Je la rassure naturellement en lui confirmant que rien ne changera, que je continuerai d'assurer toutes les semaines mes permanences dans les quartiers, que je suivrai chaque dossier avec la même attention, avec la même volonté et avec le même enthousiasme. Elle repart à moitié tranquillisée.

Et c'est moi qui, désormais, suis préoccupé. Car cela signifie qu'il va falloir que je redouble d'énergie pour convaincre mes administrés que l'on peut s'occuper des affaires du gouvernement de la France et continuer de conduire les destinées de sa ville. Que le travail de ministre et celui d'élu local ne sont, en aucun cas, incompatibles, mais bel et bien complémentaires.

La même histoire a recommencé à chaque remaniement. Je l'ai vécue en mai 2002 lorsque j'ai été nommé secrétaire d'État aux Relations avec le Parlement. Je l'ai vécue à nouveau en avril 2004 lorsque j'ai été nommé ministre délégué à l'Intérieur. Et à nouveau lorsque je suis entré au ministère du Budget en décembre 2004. Ainsi le jour de ma nomination à Bercy, je suis obligé d'annuler une réunion de quartier où je dois rencontrer des habitants. Dès le lendemain, la presse locale se fait l'écho de cette annulation, sous-entendant que j'allais même renoncer à toutes les autres... La réunion en question n'était en fait déplacée que de quelques jours mais, dans l'esprit des gens, le mal était fait et il me fallait à nouveau tisser la toile dans l'autre sens.

La vérité, c'est que je n'ai jamais imaginé un instant de perdre le contact avec ma ville.

Un cumul indispensable

Meaux, j'y ai tout connu : les soirs de victoire en 1995, et en 2001 lorsque j'ai été réélu largement en tant que maire. J'y ai connu aussi les soirs de défaite comme aux élections législatives de 1997. Meaux est la ville où j'ai appris le métier de décideur public. Tout ce que j'ai tiré de mon contact avec mes administrés, les décisions que j'ai été et que je suis régulièrement amené à y prendre dans tous les domaines – la sécurité, le logement, l'urbanisme, la politique de la ville, la gestion publique – ont nourri mes réflexions pour l'avenir.

La vraie leçon me fut donnée par l'un de mes vieux amis de Meaux. Quelques semaines après mon entrée au gouvernement, je dîne avec lui. Il a guidé mes premiers pas en politique en Seine-et-Marne. Lui qui, en militant gaulliste aguerri, avait connu dix-huit années de municipalité socialiste, avait accompagné avec enthousiasme ma campagne électorale et mon élection, ainsi que celle de mon équipe. Je lui confie mon inquiétude en lui racontant l'anecdote de cette dame qui m'avait ainsi prédit qu'elle ne me verrait plus. Je lui explique combien cela me surprend, me choque, m'inquiète même sur le regard que mes administrés peuvent porter sur leur élu.

Sa réponse m'est restée en mémoire : « Tu sais, être ministre, c'est formidable ! Tu en rêvais, en plus ! Et cela te va bien, c'est ton œuvre. Mais crois-moi, ajouta-t-il, les lambris, les dorures, les cortèges, tout cela n'aura qu'un temps. Pense à eux, les habitants de Meaux, les Meldois. Demande-toi toujours, lorsque tu participes à une réunion gouvernementale, si ce que tu décides va être compris, si cela correspond aux besoins des gens, à leurs attentes, à leurs espoirs, et vérifie que les messages sont bien passés. Et pour ça, il n'y a qu'une solution : préserve-toi, quoi qu'il arrive, le temps nécessaire dans ta ville pour continuer de voir les gens, les écouter, partager leurs inquiétudes, leur trouver des solutions. N'oublie pas qui t'a fait roi. »

Voilà près de quatre ans que j'appartiens au gouvernement. Ce conseil ne m'a jamais quitté. Mon vieil ami avait bien raison. Tout ministre, s'il n'y prend pas garde, peut être totalement coupé de la réalité. Parce que sa vie quotidienne est ainsi organisée : encadré en permanence par un chauffeur et un policier qui veille sur sa sécurité, dépourvu de toute liberté de mouvement autre que celle prévue par son agenda – lui-même rempli automatiquement par les successions de demandes de rendez-vous, l'accumulation de réunions –, le ministre a une vie totalement mécanisée. Ainsi, coincé entre ses collaborateurs de cabinet, les directeurs de son administration et ses interlocuteurs obligés en fonction de son secteur d'activité, il court le risque de ne plus consacrer le temps nécessaire à parler de la réalité avec ceux qui la vivent tous les jours.

Parce que j'ai cette hantise, j'ai préservé naturellement mon activité locale. Cependant, jusqu'à la fin de l'année 2005, j'ai respecté la règle fixée par le président de la République qui souhaitait que l'on ne cumule pas une fonction ministérielle avec celle de maire ou de président de conseil général ou de conseil régional. J'ai permuté avec mon premier adjoint Ange Anziani : il est devenu maire ; je suis devenu premier adjoint. Mais lorsque celui-ci a souhaité quitter une fonction dans laquelle il se sentait mal à l'aise, j'ai décidé de redevenir maire. Parce que personne n'aurait compris à Meaux que je n'assume pas. Parce que la fonction de maire ne s'improvise pas. Et parce que je dois tout à ma ville, qui est aussi une passion. Il n'était donc pas question pour moi de ne pas répondre présent pour les Meldois. Certes, le temps que je leur consacre est plus concentré dans la semaine, mais il y a quelques rendez-vous fixes que je préserve quoi qu'il arrive. Parmi ceux-ci, outre les conseils municipaux et les réunions de direction, il y a mes comités consultatifs de quartier. Chaque vendredi après-midi, sans exception, je tiens pendant deux heures et demie une permanence, en alternance dans chacun des neuf quartiers de ma ville, pour recevoir sans rendez-vous, individuellement, ceux de mes administrés qui le souhaitent.

Meaux, concentré des problèmes français

Être l'élu de Meaux revient à se trouver au cœur de ce qu'est la France aujourd'hui, à travers ses difficultés, ses peurs, ses peines, mais aussi ses réserves de générosité et d'espérance.

Avec ses vingt-sept nationalités, ses 53 % de logements sociaux, cet urbanisme fou et irresponsable construit dans l'urgence des années 1960 par les équipes de Le Corbusier, Meaux est devenu un terreau des grands problèmes français : l'insécurité, le mal-être, le chômage, les obstacles à l'intégration, la crise du logement et cette difficulté à créer des raisons de vivre ensemble. Autant de questions qui viennent nourrir mes réflexions et mes convictions. Rien de tel, par exemple, pour réfléchir à la lutte contre l'insécurité, que d'être concrètement confronté aux problèmes d'un quartier ou même d'un immeuble aux mains d'une bande de voyous qui terrorise les habitants. Il faut alors faire œuvre de beaucoup de conviction pour réunir autour de la table les acteurs publics : police nationale, police municipale, parquet, Éducation nationale, protection judiciaire de la jeunesse. C'est chaque fois toute une stratégie qu'il faut élaborer pour traiter ce type de problème : détecter chaque délinquant – ou prédélinquant –, le suivre, apporter des réponses concrètes aux habitants qui sont aussi les victimes – ou les amis des victimes –, croiser leur regard, être présent sur place, trouver des solutions. On ne voit plus ces questions de la même manière lorsqu'on a eu à y faire face en tant que maire.

Même chose pour ce qui concerne les questions de logement, et notamment de logement social. L'habitat est devenu aujourd'hui une préoccupation majeure pour les Français. Le retard accumulé en matière de construction, l'état lamentable du parc locatif HLM dans de très nombreuses villes, tout cela nous engage pour l'avenir car personne ne peut imaginer continuer de parler d'égalité des chances alors même que dans certains quartiers tous les handicaps se cumulent.

On peut aussi évoquer cette problématique en matière d'emploi. À Meaux, la mise en place d'une zone franche, c'est-à-dire une zone défiscalisée pour les entreprises qui embauchent, a conduit à des résultats remarquables, notamment en préservant les commerces, en incitant à l'emploi.

La combinaison de toutes ces réponses apportées en matière de sécurité, de logement, d'emploi, constitue des sources d'espérance pour l'avenir. Mais il y a tant à faire. D'où ma conviction qu'il est nécessaire d'adosser tout mandat national à un mandat local. C'est quand on voit les choses au plus près, concrètement, qu'on nourrit une réflexion politique plus générale. Voilà pourquoi il faut sans cesse pratiquer, comme je le fais, ces rencontres individuelles qui permettent, à travers les entretiens que l'on conduit, de mieux mesurer, de mieux comprendre quelques bouts de la réalité de la France d'aujourd'hui... et accessoirement d'être très utile à des gens qui n'ont pas d'autre recours que leur élu. « L'élu est la relation de ceux qui n'en ont pas ! » m'avait dit avec humour Frédéric-Dupont, l'ancien inamovible maire du VIIe arrondissement de Paris.

Le mandat local, un mandat d'avenir

La principale préoccupation du ministre, dans l'exercice de ses fonctions, c'est d'articuler, je l'ai dit, le temps court et le temps long.

Pour le maire, en revanche, le problème ne se pose pas. Le temps est long : un mandat de six ans qui, sauf exception, est conduit à son terme et le plus souvent renouvelé au moins une fois. Six ou douze années, pour conduire le destin d'une ville, c'est important.

Le vrai défi pour le maire est d'articuler les grands projets et le quotidien. Et de ce point de vue, il a parfois l'impression de faire un travail très ingrat. Que dire, par exemple, de ces administrés qui considèrent que le maire doit être celui qui, le cas échéant, ramasse leurs poubelles ou nettoie leur rue si celle-ci n'est pas bien balayée par les agents de la ville ? Le maire est responsable de tout cela, caution la plupart du temps, interlocuteur immédiat et visible, proche, astreint en permanence à l'obligation de résultats.

Mais ce mandat procure aussi l'immense satisfaction de pouvoir transformer radicalement une ville en dix ans. Meaux est, pour moi, la source de très grandes joies et peut-être plus encore depuis que je suis ministre parce que le contraste est saisissant. Car à Paris, on a toujours le sentiment que les choses n'avancent pas, que ça piétine, qu'on n'en verra jamais le bout. Dans une ville au contraire, ce que l'on décide, ça va se faire. Et dans des délais dont la rapidité ferait rêver l'administration parisienne, même la plus performante. Selon que l'on choisit de construire des logements sociaux ou d'encourager l'accession à la propriété, selon que l'on met l'accent sur des équipements culturels ou sportifs, sur le développement économique ou la protection de l'environnement, au bout de dix à douze ans, la ville se transforme, la population évolue et les bouleversements peuvent être considérables.

Et puis, parce que la France reste un pays centralisé, être au cœur de la décision à Paris fait avancer les dossiers locaux. On peut le regretter, le critiquer, mais c'est ainsi et ce serait une grande hypocrisie de ne pas le reconnaître. Entre 1997 et 2002, la gauche était au pouvoir, et parce que, de ce fait, j'étais dans l'opposition, et que la députée socialiste qui m'avait battu était « bien vue » à Paris, j'ai mesuré concrètement combien certains dossiers étaient freinés, ralentis, bloqués même. Les demandes d'effectifs policiers supplémentaires arrivaient beaucoup plus lentement, les demandes de subventions étaient toujours beaucoup plus soumises qu'ailleurs à des demandes administratives récurrentes. Bref, les choses allaient moins vite. Du jour où je suis entré au gouvernement, à partir de 2002, comme par enchantement, tout a été plus facile. Le commissariat de Meaux fut mieux doté en effectifs de police et en matériel, par exemple, les dossiers de subventions pour la politique de la ville furent débloqués plus facilement. Lorsque Jean-Louis Borloo a lancé une des politiques les plus ambitieuses qui soient en matière de politique de la ville, le dossier de Meaux – excellent au demeurant – a été présenté et acté parmi les tout premiers. J'ai pu ainsi bénéficier d'une subvention globale de 137 millions d'euros qui me permet, parce que notre projet urbanistique est à la fois très prometteur et très abouti, de refaçonner complètement cette ville. Une ville qui, depuis quarante ans maintenant, vit fracturée par ses immenses barres et ses caravelles inventées par les disciples de Le Corbusier : trois barres reliées à une colonne centrale avec un ascenseur s'arrêtant tous les cinq étages, deux cent soixante-dix logements au total, bref, une vie au quotidien impossible. Alors oui, quand on est bien vu à Paris, les dossiers locaux avancent plus vite, les contacts sont plus fréquents, un seul coup de fil suffit là où, en d'autres circonstances, il faut multiplier les courriers de demande...

En outre, être l'élu d'une ville, c'est observer, avec les années qui passent, les profonds bouleversements que l'on a soi-même décidés et engagés. C'est organiser des événements auxquels on voit la population adhérer : le spectacle historique de Meaux, la commémoration du tricentenaire de la mort de Bossuet, l'étape du Tour de France et maintenant le Festival des Muzik'elles. C'est aussi la satisfaction de pouvoir aider quelqu'un dans la détresse, de répondre à des situations individuelles qui vous bouleversent et en même temps dont vous sentez bien que, sans vous, elles ne se résoudront pas.

Voilà ce qui fait la force de ce mandat local, si précieux, parce qu'il structure au quotidien la République.

4.

L'argent, l'élu et le citoyen

Le salaire des ministres : qui prend le mistigri ?

À l'été 2002, Jean-Pierre Raffarin, qui vient de prendre ses fonctions, a de nombreux dossiers sur la table, tous plus importants les uns que les autres : le rétablissement de la sécurité publique, le lancement d'une loi de programmation sur la justice, d'une loi de programmation militaire, la baisse des impôts et notamment de l'impôt sur le revenu, sans oublier les premières discussions sur l'assouplissement des 35 heures. Mais il est un autre dossier, tout aussi sensible politiquement, qui se trouve sur son bureau. Celui-ci a une particularité. Il ressemble à s'y méprendre à une bombe à retardement : le salaire des ministres.

Bref rappel des épisodes précédents... Six mois avant les élections présidentielles, Lionel Jospin, encore Premier ministre, est soucieux de trouver toutes les occasions pour mettre son adversaire principal, Jacques Chirac, en difficulté. Alors que le climat des affaires politico-financières est sous-jacent dans le débat électoral, Lionel Jospin décide de supprimer à grand renfort de publicité le principe des fonds spéciaux.

Les fonds spéciaux, c'est une des incongruités de la République. Ils consistent à compléter, en billets de banque, la rémunération des ministres, des membres de cabinet, mais aussi de leurs chauffeurs et de leurs secrétaires. Ainsi, pour respecter la grille de la fonction publique, on n'augmente pas officiellement les salaires des personnels concernés qui, il est vrai pour beaucoup d'entre eux, fournissent un travail bien supérieur à la durée légale du travail. On compense donc avec des enveloppes de billets attribuées chaque mois par les chefs de cabinet ministériel, en toute illégalité puisque ces sommes ne sont pas déclarées à l'administration fiscale. Ce système qui faisait l'objet, depuis des décennies, d'un consensus (évidemment non écrit !) venait du jour au lendemain de prendre fin avec la décision de Lionel Jospin.

A priori, c'était – comme on dit – un bon coup politique pris au nom de la vertu par un Premier ministre qui n'avait pourtant jamais semblé gêné de fonctionner avec ces enveloppes de billets depuis cinquante-quatre mois. Mais cette décision prise sans grande préparation a brutalement désorganisé tout le système. En effet, si le problème fut résolu pour ce qui concerne les conseillers de cabinet ministériel, ainsi que les chauffeurs et les secrétaires, par une augmentation de leur traitement, désormais totalement fiscalisé, il restait le problème des ministres eux-mêmes qui se trouvaient ainsi à un niveau de rémunération inférieur à l'ensemble des directeurs, voire des sous-directeurs, des administrations qu'ils dirigeaient. Autant dire que cette situation allait très vite se révéler ingérable puisque cela revenait, en clair, à rémunérer un ministre d'un montant de l'ordre de 6 000 euros net par mois, soit moins qu'un parlementaire. Entendons-nous bien : j'ai conscience du caractère élevé de ce chiffre, mais il reste bien inférieur à la rémunération de nombre de chefs d'entreprise, pour des responsabilités égales ou supérieures.

Voilà donc un sujet beaucoup moins noble que les autres grands chantiers lancés par le nouveau Premier ministre, mais qu'il fallait néanmoins trancher. Dans les premiers jours du gouvernement Raffarin, personne n'avait vraiment flairé le problème. Chacun, euphorique de sa prise de nouvelles fonctions, veillait à la constitution de son cabinet et préparait ses premières décisions. Puis les langues ont commencé à se délier, les ministres entre eux évoquant leur situation personnelle, l'un ses emprunts pour l'achat de son logement, l'autre les pensions alimentaires pour son ancienne épouse... Bref, la situation devenait tendue. Personne n'osait vraiment mettre publiquement le problème au jour, de peur de subir une campagne de presse. Chacun espérait bien que l'autre s'y collerait pour lui. Comme, depuis maintenant une quinzaine d'années, les hommes politiques, tous bords confondus, ont accepté de rentrer dans ce processus infernal qui consiste à s'autoflageller, à réduire sans cesse leur périmètre d'action au nom d'une pseudo-modestie et d'une course éperdue vers la reconquête de considération de leurs concitoyens, tout cela donnait lieu à un magnifique bal d'hypocrisie !

Fin mai, les feuilles de paie des ministres arrivent à l'ancien tarif. Fin juin, même chose, les feuilles de paie arrivent pour la deuxième fois, sans changement. Au sein du gouvernement, les inquiétudes commencent à émerger. Quelques ministres se risquent à évoquer, sur le ton de la plaisanterie, cette situation auprès du Premier ministre.

J'étais en charge des relations avec le Parlement et, à ce titre, je savais qu'une disposition relative à la rémunération des ministres devrait nécessairement passer par la loi, donc par un débat parlementaire. Je me décide à évoquer très directement cette question avec le Premier ministre. Jean-Pierre Raffarin comprend très vite le problème. Il en mesure aussi le danger politique alors qu'au début du mois de juillet il a indiqué ne pas souhaiter que le SMIC connaisse d'augmentation significative. Pourtant, chacun voyait que la situation n'était pas tenable. Lorsque je me risque à lui présenter les choses, il y avait de vrais arguments. Le tout était de les expliquer aux Français. Le premier de ces arguments, c'était naturellement d'en finir avec une réglementation opaque. Désormais, en officialisant la totalité du traitement des ministres, on passait d'un régime où les membres du gouvernement étaient rémunérés au noir, en liquide pour moitié de leur rémunération, à un système dans lequel, en toute transparence, comme cela aurait dû toujours être le cas, les ministres perçoivent un traitement connu de tous, déclaré à l'administration fiscale. C'était ensuite une manière pour chaque ministre d'être parfaitement situé dans l'échelle des salaires de la haute fonction publique, donc de leurs proches collaborateurs, et ainsi d'en finir avec l'hypocrisie ambiante en la matière.

Alain Lambert, alors ministre du Budget, et moi-même profitons de la discussion d'un collectif budgétaire au mois de juillet, avec l'appui du président et du rapporteur général des deux commissions des Finances des deux Assemblées, pour introduire l'amendement qui est alors adopté. Il prévoit une grille de rémunération pour les ministres en fonction de leur grade (ministre d'État, ministre plein, ministre délégué, secrétaire d'État) de sorte que les choses soient bien en ligne.

À peine cette disposition est-elle adoptée qu'un communiqué publié à l'AFP, et signé de Jack Lang, vient dénoncer « le scandale de ce gouvernement qui n'a pas augmenté le SMIC et qui augmente la rémunération des ministres de 70 % ». Jack Lang m'a toujours fait la démonstration qu'en politique on pouvait ne jamais manquer de culot. Mais enfin, chacun savait que, comme l'ensemble de ses collègues durant les années 1980, il avait très largement bénéficié du système des fonds spéciaux payés en liquide et venant compléter sa rémunération. Le fait qu'il ne résiste pas à la tentation d'un coup démagogique me sidéra.

Jean-Pierre Raffarin avait eu le courage de trancher. Désormais les choses, dans ce domaine-là au moins, étaient transparentes. Pour autant, aujourd'hui, il arrive encore dans mes permanences que l'on me dise : « Vous savez, monsieur le ministre, pendant qu'on vous a augmenté de 70 %, moi mon salaire n'a pas bougé depuis trois ans. » Grandeur et faiblesse du tempérament français ! On a souvent tendance en France à ressentir de l'envie, de l'amertume, de la jalousie vis-à-vis de celui qui n'a pas les mêmes fonctions ni les mêmes responsabilités. C'est aussi malheureusement le reflet de cette image terrible qu'ont les hommes politiques en France aujourd'hui. Aux yeux de beaucoup de nos compatriotes, les hommes politiques sont censés crouler sous les honneurs et les avantages, dilapider l'argent public et ne rendre aucun compte.

Aussi entend-on parfois au comptoir du Café du Commerce : « De toute façon, on ne saura jamais rien, ils s'arrangent entre eux, s'auto-augmentent et s'auto-amnistient. »

Les appartements des ministres : un orage sur la tête

De ce point de vue, la presse, en France comme dans toutes les grandes démocraties, joue un rôle très particulier. Tous les responsables politiques ou économiques qui, durant ces vingt dernières années, ont été l'objet de campagnes virulentes sur des affaires touchant à l'argent ont décrit à peu près les mêmes processus. J'ai eu, moi-même, à en faire les frais il y a près d'un an. C'est une épreuve que l'on n'oublie jamais et je veux dire sans fard que celui qui n'a jamais eu à subir personnellement ce type d'acharnement ne peut en parler avec justesse. Pour aider à faire comprendre ce que l'on ressent, j'invite le lecteur à imaginer le cauchemar que l'on fait parfois après un mauvais film ou un dîner trop copieux : pendant qu'on le vit, on a l'impression que ça ne s'arrête jamais. Puis vient le réveil, on se remet de ses émotions et petit à petit on retourne à la vie normale. Cela rappelle aussi l'orage que l'on prend sur la tête et dont on a l'impression qu'il n'en finira plus. Puis vient d'un coup l'accalmie et le premier rayon de soleil.

J'ai eu à prendre, moi aussi, un orage sur la tête – et, j'insiste, ceux qui ne l'ont jamais vécu ne savent pas ce que c'est. Tout est parti de la polémique, très dure, engagée sur l'affaire du logement de fonction d'Hervé Gaymard. Chacun s'en souvient, il lui avait été reproché d'avoir pris en location un logement de fonction de grande taille pour un loyer très élevé. Il avait alors annoncé qu'il le quittait, mais la polémique avait pris un tour trop important et, avec beaucoup de dignité, il avait décidé de démissionner de ses fonctions de ministre de l'Économie et des Finances, laissant la place à Thierry Breton. Cette affaire avait alors déclenché chez les journalistes une frénésie très légitime de savoir ce qu'il en était des logements des autres membres du gouvernement. Et je me suis alors trouvé embarqué dans un tourbillon consécutif aux déboires d'Hervé Gaymard.

Rappel rapide des faits. J'avais acquis le 8 novembre 2004, c'est-à-dire exactement trois semaines avant que je sache que je serais nommé ministre du Budget (troisième changement successif de fonctions en deux ans et demi de gouvernement), un appartement à Paris. Nommé ministre du Budget le 29 novembre, je dois très rapidement quitter l'appartement de fonction que j'occupais au ministère de l'Intérieur, alors que j'étais encore ministre délégué auprès de Dominique de Villepin. Mais l'appartement que je venais d'acquérir nécessitait de nombreux travaux de rénovation. Compte tenu du fait que mon épouse était enceinte, le bon sens imposait d'attendre son accouchement, ce qui nous amenait vers le mois de mai, puis de procéder aux travaux nécessaires d'aménagement dans ce nouvel appartement pour nous y installer à l'été.

Il y avait deux logements de fonction à Bercy. Le premier était dévolu au ministre de l'Économie qui, ne l'occupant pas, l'avait attribué au ministre déjà en place du Commerce extérieur. Patrick Devedjian, alors ministre de l'Industrie, qui était mon aîné à la fois dans la vie et par rapport à sa date de nomination puisqu'il était déjà en poste, souhaitait légitimement occuper le second appartement de fonction car il était propriétaire, lui, d'un appartement dans sa ville d'Antony. Par respect pour lui, je lui avais indiqué qu'il était prioritaire et j'ai demandé à l'administration du ministère des Finances de louer pour moi un appartement dans Paris. J'avoue ne m'être préoccupé alors ni de la durée du bail résiliable à tout moment moyennant deux mois de préavis, ni surtout des conséquences que cela pourrait avoir par la suite...

Arrivent donc les malheurs d'Hervé Gaymard et me voilà entraîné dans la spirale, comme l'ensemble de mes collègues, interrogé par les journalistes sur ce qu'il en était de ma situation. Je leur raconte les faits tels que je viens de les exposer. Et j'ajoute à l'intention de ceux qui m'interrogeaient sur ce point que j'avais très momentanément mis gracieusement mon appartement (dont les travaux n'étaient toujours pas faits) à la disposition de l'un de mes proches collaborateurs qui, étant lui-même en déménagement, m'avait demandé de le lui prêter quelques jours, ce que j'avais fait bien volontiers.

On voit, à la lecture de tout cela, que cette histoire est parfaitement cohérente, compréhensible et que je pouvais sans problème l'assumer. Mais c'était aussi une formidable occasion pour les critiques déchaînées d'un canard à l'affût ! Et cela ne manqua pas. Au lendemain du départ d'Hervé Gaymard le 25 février 2005, *Le Canard enchaîné* s'intéresse de près à mon cas. Je ne cale pas et répète en boucle l'exposé de ma situation. *Le Canard enchaîné* s'agace. Je le vois bien au ton des articles auxquels j'ai droit. Il est vrai que, sur le papier au moins, je ne respectais pas à cent pour cent le texte de la circulaire qui interdisait que l'on occupe un appartement de fonction du gouvernement dès lors que l'on était propriétaire d'un appartement à Paris ou en banlieue. Et j'avais beau expliquer, en vain, que j'avais bien l'intention d'habiter l'appartement que je venais d'acquérir mais seulement une fois les travaux achevés, l'histoire était trop simple pour ne pas offrir, malgré tout, de quoi susciter les foudres du journal.

La première semaine, l'article du *Canard enchaîné* est d'une grande violence, mais dit tout, en reprenant l'ensemble de l'historique. Je n'avais plus rien d'autre à ajouter et, pensais-je, eux non plus. Et pourtant le journaliste qui me faisait l'honneur de s'intéresser à mon cas décide de s'obstiner, histoire de ne pas rentrer bredouille. Je découvre alors que chaque citoyen français peut, en sollicitant le service des hypothèques et moyennant une somme modique de 15 euros, obtenir les contrats de vente déposés chez les notaires pour tous les logements. Le journaliste, n'ayant pu me piéger sur une situation ministérielle que j'assumais et sur laquelle je m'étais expliqué, publie *in extenso* dans l'édition suivante le prix de mon appartement, la surface, et s'efforce par des extraits bien choisis du contrat de vente d'expliquer qu'il n'y avait plus besoin de faire des travaux dans l'appartement puisque, disait-il, il était convenu par mon vendeur que celui-ci refaisait – je cite – le parquet, les peintures et même le tapis de l'escalier de l'immeuble. Tout cela était vrai, mais ne correspondait pas aux travaux supplémentaires que je projetais de faire, et que j'ai effectués depuis : cloisons à abattre, salle de bains à aménager...

Et s'ajoutent naturellement à ces informations, divulguées sans aucun état d'âme sur ma vie privée, des insinuations graveleuses pour essayer de démontrer que j'avais bénéficié d'un prix préférentiel, ce qui évidemment était totalement faux, comme le journaliste a pu le constater et même, à demi-mot, le déplorer.

Cette poursuite a duré trois semaines successives. Le processus est toujours identique, la boule d'angoisse monte à partir du lundi soir jusqu'au mardi soir, date où l'on reçoit en avant-première l'exemplaire du *Canard enchaîné*. Ce sont des moments particulièrement pénibles où l'on se demande quels vont être la prochaine offensive, le prochain racontar, les prochaines insinuations. En s'interrogeant sans cesse sur ce que sera le regard de l'autre. Car, bien sûr, ces annonces plus ou moins croustillantes donnent lieu, dans la foulée, à des reprises de presse. Ainsi, sur les ondes le lendemain matin, le mercredi donc, voire dans d'autres journaux, on retrouvait les extraits du *Canard enchaîné*. Dans ces moments-là, on ressent une impuissance terrible et en même temps une volonté inébranlable de se défendre, d'expliquer sans cesse. Il s'agit d'un syndrome que d'autres personnalités, beaucoup plus touchées naturellement par des affaires bien plus graves, ont toutes ressenti. Une volonté permanente d'expliquer à toute personne que l'on rencontre sa part de vérité. Et puis, le mardi 14 mars au soir, mon portable sonne. L'un de mes collaborateurs m'appelle pour me dire que l'orage vient de s'achever. La pluie a cessé de tomber. *Le Canard enchaîné* a lâché sa proie. Constat d'échec pour lui, peut-être, et soulagement surtout pour moi.

De telles périodes sont toujours très difficiles à vivre. D'abord parce que, qu'on le veuille ou non, on cherche toujours dans le regard de l'autre la lueur de soupçon, de reproche, de critique. C'est aussi l'instant de vérité avec ses connaissances, ses amis. Ceux qui se taisent, gênés. Ceux qui appellent mais dont on sent qu'ils ont cru quand même un bout de ce que racontaient les journaux parce qu'il en reste toujours quelque chose. Et puis il y a ceux qui vous font la morale, qui vous expliquent qu'ils ne comprennent pas. Et bien sûr ceux qui ont du mal à cacher leur large sourire. Ces faux amis qui alimentent la rumeur, qui en rajoutent, qui annoncent de nouvelles révélations à tous les journalistes qu'ils rencontrent. Et puis il y a soi-même. Ses réflexes traditionnels, sa tentation immédiate de fabriquer des listes noires qui n'en finissent plus de s'allonger quitte à faire ses propres erreurs judiciaires et à en vouloir à la terre entière. Il y a des nuits forcément blanches où l'on ressasse sans cesse la même histoire, la même explication, les mêmes mots pour la même défense. Enfin il y a la peur classique pour sa femme, pour ses enfants à l'école, pour ses parents.

J'en ai beaucoup voulu au journaliste qui s'est acharné. Je n'ai pas compris pourquoi se trouvait autant de haine sous la plume de quelqu'un qui ne m'avait jamais rencontré autrement que par quelques brefs échanges téléphoniques. Surtout, je ne voyais pas le goût que l'on pouvait avoir à écrire des horreurs sans être jamais complètement sûr que ce que l'on écrit est juste.

Un an après, je ne peux m'empêcher de frémir en repensant à cet épisode et à ses suites, certes peu nombreuses, mais présentes dans mon esprit. Ces quelques lettres d'injures de Français qui avaient laissé leur numéro de téléphone et auxquels j'ai parlé un à un longuement pour leur expliquer que la vie n'était parfois pas aussi simple que ce que l'on pouvait lire dans les journaux. Et puis bien sûr, il serait injuste de laisser de côté ceux qui ne m'ont jamais lâché, mon équipe, mes vrais amis, mes patrons. Un an après, je me dis que parfois on pardonne mais l'on n'oublie jamais. Je me dis aussi que ce genre d'« accident du travail » permet de tester une fois de plus la solidité de sa colonne vertébrale et d'en prendre philosophiquement son parti. Et que cela amène à porter sur les autres un regard plus vrai et plus précis.

Tant que nous n'assumerons pas...

Sortons de l'hypocrisie. Après tout, nous autres responsables politiques n'avons que ce que nous méritons. À force de ne pas assumer clairement ce que sont nos responsabilités, à force de dissimuler plutôt que de jouer le jeu de la transparence et de dire toute la vérité aux Français, nous baignons dans une ambiguïté dont nous n'avons jamais vraiment voulu sortir. L'argent et la politique. Les politiques et l'argent. Sujet tabou, sujet malsain, qui rend chacun mal à l'aise parce que rien n'est vraiment complètement dit. Est-ce que l'on sait, par exemple, qu'aujourd'hui on ne parle pas pour l'élu de rémunération, mais d'indemnités ? Aujourd'hui encore, parler de métier politique, c'est presque dire un gros mot, comme si on pouvait faire de la politique en amateur, le dimanche, après le travail.

Il est grand temps d'assumer et de dire les choses telles qu'elles sont : la politique, c'est un métier. Un métier qu'il faut faire tous les jours. Qui a, comme toutes les professions, des spécificités dont celle qui consiste, en particulier, à ne jamais compter ses heures, à travailler parfois six jours sur sept, voire sept jours sur sept. C'est un métier difficile à tous égards. Sur le plan technique car, même lorsque l'on est entouré de nombreux collaborateurs, on doit prendre des décisions considérables qui engagent et qui exigent une grande implication personnelle. Difficile aussi sur le plan humain puisqu'on a vocation, la plupart du temps, à diriger des centaines, voire des milliers, d'hommes et de femmes lorsque l'on est le patron d'une collectivité locale ou d'une administration de l'État. Difficile, enfin, sur le plan personnel. Un vendredi soir de juillet, où j'ai pu m'échapper de Paris pour rejoindre ma famille le temps d'un week-end près de Toulon, je m'apprête à sortir de l'avion. Un passager, qui est à côté de moi, me salue aimablement :

« Alors, monsieur le ministre, vous êtes en vacances ?

— Non, malheureusement, lui dis-je, seulement en week-end. Vous savez dans nos fonctions les vacances ne sont ni très nombreuses ni très encouragées... »

À peine lui ai-je dit cela que je le regrette presque. Lui donner le sentiment que je pourrais ne pas consacrer la totalité absolue de mon temps de vie à ma fonction m'embarrasse. Je le regrette aussi parce que j'ai le sentiment de m'excuser et ce n'est pas tellement mon genre !

« Vous n'avez pas beaucoup de vacances, reprend-il, mais en même temps, hein, monsieur le ministre, je ne vais quand même pas vous plaindre. »

La remarque est venue comme ça, tranquillement, gentiment, elle va de soi. Il est tard, je n'ai pas prévu de m'énerver. Toutefois je ne peux pas m'empêcher de réagir :

« Mais je ne vous demande rien, monsieur, je ne vous demande rien. Je comprends parfaitement que vous n'ayez aucune raison de me plaindre, d'ailleurs je suis très heureux d'être ministre, mais puisque vous m'avez posé la question, je vous l'ai dit : dans la fonction de ministre, il n'y a pas beaucoup de vacances et il faudra bien qu'un jour les Français aient sur leurs gouvernants un regard qui ne soit empreint ni de dureté ni d'indulgence, mais simplement de lucidité sur ce qu'est la fonction de gouvernant. »

Oui, faire de la politique, c'est un métier, et un métier qui s'apprend. Un métier qui exige que l'on durcisse, avec les années, sa carapace. Et sans doute, en temps de paix, l'une des activités les plus violentes qui soient au quotidien sur le plan professionnel. La violence est forte parce que le combat entre deux rivaux pour une seule place ne laisse aucune échappatoire à celui qui va perdre.

Le métier politique exige tout à la fois de la vigilance, de la fermeté, de la détermination, mais aussi, et on l'oublie trop souvent, une grande capacité de générosité et d'amour. Apprendre à gagner, apprendre à perdre, vivre les défaites autant que les victoires, remonter sur son cheval après ses chutes, et comprendre, analyser, accepter de se remettre en cause, d'assumer ses convictions tout en gardant sa capacité de doute. Le métier politique est fait de tout cela.

Ce que l'on peut souhaiter, ça n'est pas de se faire plaindre, ni à l'inverse de se faire aduler, mais qu'au moins les Français sachent précisément ce qu'est le métier politique, qu'ils assimilent cette idée qu'on ne peut pas le faire en dilettante, parce que gouverner la France, comme diriger une collectivité publique locale, exige du professionnalisme.

La France ne sortira pas du soupçon si les hommes politiques n'assument pas ce qu'ils sont et ce qu'ils ont. Alors, oui, il faut tordre le cou aux idées reçues. Non, les ministres ne gardent pas leur salaire à vie, ni même d'ailleurs leurs avantages. Lorsqu'ils quittent leurs fonctions, en vingt-quatre heures ils ont l'obligation de tout rendre : la voiture avec chauffeur, le garde du corps, le logement. Il faut que du jour au lendemain ils aient vidé leur bureau et fait leurs cartons. Non, la rémunération des ministres n'est pas exorbitante au regard de l'ampleur de leur responsabilité. Leur salaire peut paraître très important par rapport à la rémunération moyenne des Français, mais reste largement inférieur à ce que sont les revenus des chefs d'entreprise. Ainsi, un ministre plein gagne environ 14 000 euros par mois net, un ministre délégué, 12 000, un secrétaire d'État, 10 000. Cette rémunération est à la hauteur du travail fourni, des responsabilités qui y sont attachées. Et cela vaut la peine de sortir de cette situation hypocrite où la réussite et l'argent ont si mauvaise réputation.

Oui, être nommé au gouvernement est le signe d'une reconnaissance de ses qualités, de ses compétences par la nation. Reste ensuite, naturellement, à en faire la démonstration dans l'exercice de ses fonctions. Oui, lorsque l'on est ministre, on a droit à une protection par un officier de sécurité, à être conduit en voiture par un chauffeur et à être entouré d'une équipe de collaborateurs de qualité que l'on choisit.

Néanmoins, la confusion qui règne à propos des avantages en nature et des budgets de représentation n'est absolument pas saine. Il reste encore des incongruités, des absurdités comme le fait, par exemple, que la rémunération du président de la République soit inférieure à celle d'un parlementaire ou à celle d'un ministre. Des zones d'ombre demeurent. Les élus, les ministres ont des frais de représentation liés à la diversité de leurs fonctions, mais l'organisation des choses n'est pas claire. Mieux vaudrait déterminer une dotation forfaitaire pour couvrir les frais liés à l'activité des ministres, mais qui naturellement s'interromprait dès le jour de la cessation de leurs fonctions. Une enveloppe fixée en toute transparence, déclarée à l'administration fiscale, leur permettant de se loger, de recevoir, de se déplacer, comme c'est aujourd'hui le cas pour les parlementaires, lèverait cette opacité et rentrerait parfaitement dans le cadre d'un consensus bien compris par les Français.

Car ce qui heurte les Français, ce n'est pas tant l'existence de ces avantages que le sentiment qu'il en existe beaucoup d'autres, qu'on leur cache. C'est cela qui leur est insupportable. Il faut mettre fin à cette ambiguïté, répondre par des données claires et connues de tous à ce climat de suspicion.

Après tout, le chemin a été fait pour le financement des partis politiques et des campagnes électorales tout au long des années 1990 de sorte que l'on peut raisonnablement penser que ces grandes affaires politico-financières des années 1970-1980 sont terminées. Grâce aux législations, celles de 1988, 1990 et 1995 en particulier, des réponses très concrètes ont été apportées. Les Français l'ont bien compris et jouent d'ailleurs parfaitement le jeu. On le voit dans la manière dont ils participent au financement des campagnes électorales, en procédant à des dons individuels, plafonnés, fiscalement déductibles et symboles de leur engagement. Je crois que le temps est venu de faire la même chose pour les membres du gouvernement comme d'ailleurs pour les élus locaux.

Quel statut pour les élus ? Avançons encore

La France souffre de son incapacité à donner aux élus un statut clairement assumé par tous.

Les fonctions ministérielles sont, on le sait, extraordinairement précaires puisqu'un membre du gouvernement peut être révoqué à tout moment. Ainsi des personnalités locales solidement implantées dans leur fief – maire, président de conseil général –, à qui l'on propose d'être ministre, peuvent-elles être tentées de conserver un mandat local. Outre le fait de pouvoir entretenir un contact précieux et permanent avec le terrain, c'est le moyen le plus simple de préserver un peu – un peu seulement – l'avenir.

Reste aussi cette fameuse inégalité entre les fonctionnaires et les non-fonctionnaires. Il est beaucoup moins risqué pour un fonctionnaire que pour quelqu'un issu du secteur privé de se lancer en politique puisque le fonctionnaire, s'il perd son mandat, peut retrouver immédiatement un traitement et un emploi dans son administration d'origine. Étant moi-même issu de l'École nationale d'administration, fonctionnaire, j'ai pu en bénéficier fort heureusement lorsque, battu en 1997 aux élections législatives, j'ai retrouvé pendant la période d'opposition un poste dans mon administration d'origine. Les salariés du privé, pour beaucoup d'entre eux, ne se risquent pas à l'aventure électorale parce qu'ils en connaissent la précarité et que, arrivé à l'âge de 40-45 ans, lorsque l'on a des enfants, on ne peut plus s'exposer à un tel risque. Cette situation a pour principale conséquence de conduire à des assemblées qui ne sont plus représentatives de la société française puisque trop largement composées de fonctionnaires ou de personnes en retraite ou semi-retraite.

Il faut donc sortir de cette difficulté en proposant d'abord une véritable gestion de la carrière des élus. Si l'on admet que faire de la politique est un métier, qu'il s'inscrit dans la durée, alors il faut assumer de gérer le parcours professionnel des élus. Il faut faire de l'élu national ou de l'élu local (député, sénateur, député européen, maire, conseiller général et régional...) une sorte de salarié protégé, au même titre qu'un délégué syndical le temps de sa charge, et pendant plusieurs mois après l'expiration de son dernier mandat. L'idée est assez simple et correspond à ce qu'avait proposé le député Jérôme Chartier dans son rapport. Il s'agit en clair de faire en sorte que tout élu qui perd son mandat puisse faire bénéficier des administrations nationales ou locales de son expérience. Un adjoint au maire qui exerçait des fonctions dans le secteur social, dans le secteur scolaire, dans le secteur financier pourrait par équivalence se voir proposer un poste à durée indéterminée ou même à durée déterminée dans une administration. Ainsi aurait-il un regard plus serein et plus indépendant sur son implication personnelle dans l'exercice d'un mandat politique.

Il faut prévoir des passerelles entre le statut d'élu et la fonction publique. Dans ce sens, on pourrait imaginer qu'un certain nombre d'anciens parlementaires se voient confier des missions au sein des corps d'inspection de l'État où ils pourraient jouer un rôle d'aiguillon. On sous-estime souvent l'expérience accumulée par un responsable politique. Une fois débarrassé des contingences partisanes, il peut apporter un regard objectif, passionnant sur le fonctionnement de l'État, de l'action publique en général. Je crois que, sur ce sujet, on a toujours eu peur de son ombre et que l'on a bien tort. On accélérerait ainsi les vocations et on faciliterait le renouvellement de la classe politique. Car je ne crois pas que ma génération soit celle qui consacrera la totalité de son activité professionnelle à l'action politique. Les temps changent et l'on aspire à se renouveler soi-même, à se ressourcer, à faire varier les activités. Il faut pouvoir laisser cette marge de respiration au monde politique.

Je pense ensuite qu'il faut réfléchir à une nouvelle avancée sur le cumul des mandats et sur leur rémunération, à travers deux idées. D'abord limiter à trois mandats successifs la possibilité de cumul dans la durée pour le même poste. Ainsi, un maire pourrait accomplir dix-huit ans de mandats mais pas plus. Cette limite vaudrait pour tous les types d'élection et permettrait là encore un renouvellement plus grand de la vie politique. J'ajoute qu'après trois mandats on a raisonnablement donné tout ce que l'on pouvait pour sa collectivité. Au-delà, on risque de faire le mandat de trop, comme l'ont montré quelques expériences malheureuses à gauche comme à droite. Je pense, en second lieu, qu'il faut donner aux maires des grandes villes de plus de 30 000 habitants, qui dirigent une administration importante, gèrent un budget conséquent et ont des décisions lourdes à prendre, une rémunération comparable à celle des parlementaires. Aujourd'hui la rémunération de ces maires est très insuffisante (3 277 euros brut mensuels pour les villes de 20 000 à 50 000 habitants, et 4 500 euros brut mensuels pour les villes entre 50 000 et 100 000 habitants) et ne correspond absolument pas à la réalité de leur engagement. Elle ne leur donne aucune des garanties que des personnalités qui servent la République et qui exercent des responsabilités aussi éminentes sont en droit d'attendre. Augmenter fortement leur indemnité, c'est-à-dire en gros doubler ce que beaucoup touchent actuellement, serait à mon avis tout à fait équitable et cohérent. Je pense en outre que si on revalorise le traitement des maires et des présidents de conseil général ou régional au niveau de la rémunération des parlementaires, on laisse alors à chacun d'entre eux la liberté d'exercer ou non un mandat de parlementaire, un mandat national. On pourrait ainsi choisir de cumuler deux mandats au plus (en ne percevant bien sûr qu'une seule rémunération), sans y être seulement contraint pour des raisons matérielles. Cela vaut la peine d'y réfléchir sérieusement tant les vocations se réduisent, alors même que nous avons besoin de plus en plus de gens compétents.

Une réflexion s'impose en outre sur le nombre d'échelons électoraux : communes, agglomérations, conseils généraux, conseils régionaux, cela fait beaucoup. C'est un débat éternel sur lequel le moins que l'on puisse dire est que l'on avance à petits pas, tant il est difficile de remettre en cause un échelon territorial et les centaines d'élus qui le représentent. Risquons tout de même une nouvelle tentative. La loi sur la décentralisation, voulue par Jean-Pierre Raffarin, prévoit par l'expérimentation la possibilité de regroupements entre une région et les départements qui la composent. Encourageons encore, de manière plus forte, ces regroupements. Nous sommes les seuls en Europe à avoir une telle dispersion de nos collectivités. Le moment est venu, à l'occasion d'un débat pour les élections présidentielles, de remettre cette question sur la table et, par des incitations financières ou fiscales aux collectivités concernées, de favoriser ces regroupements.

Toutes ces pistes n'ont qu'un seul objectif : mettre au sein de notre système politique un peu plus de transparence, un peu moins d'hypocrisie, pour tenter de lever les malentendus qui pèsent sur le rapport que les Français entretiennent avec leurs hommes politiques.

Le sujet me tient à cœur. Car, on l'aura compris, au fil de ce parcours initiatique, la passion de la politique ne m'a jamais quitté, au contraire. Et cet engagement pris très jeune, je ne l'ai jamais regretté. Même au milieu des tempêtes et des épreuves, celles qui renforcent comme celles qui minent.

Deuxième partie

Les grandes épreuves : celles qui renforcent et celles qui minent

5.

La réforme des retraites : un essai transformé

En politique, la règle est toujours la même. Lorsqu'un gouvernement entre en fonction, il doit choisir le chantier prioritaire pour faire la démonstration de son image de rupture par rapport au passé.

Même si on ne l'exprime plus ainsi, la célèbre formule de Jack Lang le 10 mai 1981 annonçant triomphalement que la France allait passer « de la nuit à la lumière » n'a pas pris une ride. Le gouvernement Raffarin n'a donc pas échappé à cette règle. Nous étions, les uns et les autres, pleins d'enthousiasme et nous avions décidé de montrer aux Français que la rupture avec le passé s'incarnerait en particulier à travers notre capacité à faire la réforme tant attendue de notre système de retraite. C'était la grande affaire du Premier ministre. Ainsi, après que les cent premiers jours de son mandat, l'été 2002, eurent été consacrés à adopter dans l'urgence de grandes lois de programmes et de moyens en matière de sécurité, de justice et de défense, et qu'eut été décidée une première baisse de l'impôt sur le revenu, Jean-Pierre Raffarin se préparait pour l'automne à un combat difficile. À partir du mois d'octobre, il réunit tous les lundis soir un groupe discret de ministres. Autour de lui, François Fillon, principal pilote de l'opération en tant que ministre des Affaires sociales, Jean-François Mattéi, alors ministre de la Santé, Jean-Paul Delevoye, ministre de la Fonction publique, Francis Mer, ministre de l'Économie, et moi-même au titre de mes fonctions, à l'époque, de porte-parole et de secrétaire d'État en charge des Relations avec le Parlement. Je garde un très bon souvenir de ces réunions. Chaque fois, un ordre du jour précis conduisait François Fillon à présenter, avec beaucoup de méthode, chacun des aspects de la réforme. On évoquait très librement aussi bien les questions de fond que les questions de forme, on y parlait économie mais aussi tactique opérationnelle. Nous étions, les uns et les autres, pleinement conscients qu'il s'agissait là d'un chantier politiquement périlleux sur lequel de nombreux gouvernements s'étaient cassé le nez. Nous avions aussi en tête, avec une certaine jubilation propre aux nouveaux ministres, la manière dont nos prédécesseurs avaient enterré le dossier après avoir consulté la nième commission sur le sujet. C'était le bon temps, pourrait-on dire. Un gouvernement qui commence vit très vite dans l'illusion d'être là pour toujours, dopé par des cotes de popularité souvent très convenables et persuadé qu'il va faire le bien là où d'autres ont échoué.

Après un mois et demi de travail approfondi, notre affaire commençait à se préciser. À la fin du mois de novembre 2002, François Fillon fait à notre groupe, devant le Premier ministre, la synthèse de l'opération.

Dominique Ambiel, le conseiller le plus proche du Premier ministre, omniprésent, créatif et plein d'humour, se lâche un peu :

« Allez, François, il faut nous la présenter avec le décodeur, la réforme, sinon personne ne va rien y comprendre ! Fais comme si tu étais au 20-heures ! »

Fillon rigole : « Tu ne vas pas être déçu ! » Et il enchaîne :

« Les choses sont simples, mais elles font dresser les cheveux sur la tête. Entre 2003 et 2040, le nombre de retraités devrait s'accroître de dix millions de personnes, alors que la population active devrait stagner ou baisser. Le rapport cotisants sur retraités va se dégrader à la vitesse grand V : en 2003, on compte quatre retraités pour dix actifs ; il y aura cinq retraités pour dix actifs en 2020 et sept retraités pour dix actifs en 2040 ! Enfin, la prévision du déficit du régime général et du régime des fonctionnaires en 2020 pour les retraites avoisinera les 43 milliards d'euros.

— On va tous se mettre aux antidépresseurs ! » enchaîne Raffarin.

Francis Mer ne résiste pas à la leçon de morale :

« Il faut absolument dire la vérité aux Français, affirme-t-il d'un ton martial. C'est à force de mentir que l'on n'a pas pris les bonnes décisions ou que l'on s'est caché derrière son petit doigt. C'est comme ça que l'on va à la faillite. Je suis pour tout dire et cela dès maintenant.

— Oui, mais les syndicats de fonctionnaires ? interroge Jean-Paul Delevoye. C'est moi qui les ai en face en permanence et il va bien falloir qu'on leur dise les choses. Depuis dix ans, les salariés du privé savent qu'ils doivent cotiser pendant quarante ans alors que les fonctionnaires ne font que trente-sept années et demie. Si je dois leur annoncer qu'ils vont passer à quarante ans, ça va cogner ! »

Jean-François Mattéi, ministre de la Santé, embraie :

« Sans oublier que, selon la manière dont on réussira la réforme des retraites, on aura une chance ou non de pouvoir faire pareil avec l'assurance maladie. »

Ambiance, ambiance. En quelques formules rapides, chacun faisait sa propre synthèse de la difficulté de gouverner la France. Et encore n'avait-on pas évoqué les grandes angoisses que chaque gouvernant ressent depuis les grandes grèves de 1995, qui portaient déjà sur le même sujet.

Raffarin s'énerve un peu :

« Vous êtes tous bien gentils, mais maintenant il va falloir passer à la phase suivante. Voilà six mois que nous sommes là et on va bientôt nous reprocher de ne pas travailler plus que les autres sur le sujet si l'on n'attaque pas rapidement un plan d'action. Car les enjeux du débat, contrairement à ce que vous pensez, les Français les connaissent très bien. Et, en plus, nous leur avons déjà fait passer le même message, les uns et les autres, soit pendant la campagne présidentielle, soit depuis un mois et demi où chacun d'entre nous évoque toutes ces vérités en long et en large. Donc on y va ! »

Huit jours après, la copie était prête grâce au travail conjoint de toutes nos équipes.

Réglé comme du papier à musique

La réforme des retraites allait reposer sur trois principes. D'abord l'équité : l'effort sera acceptable par tous s'il est réparti équitablement. De ce point de vue, l'enjeu essentiel était d'assumer la décision d'un rattrapage de la durée des années cotisées des fonctionnaires pour passer de trente-sept années et demie à quarante, comme dans le secteur privé. Puis, à partir de 2008, la durée de cotisation augmentera pour tous progressivement de la même manière à quarante et un puis quarante-deux ans.

Le deuxième principe était celui du libre choix. Le droit à la retraite à 60 ans était maintenu mais on introduisait désormais de la souplesse pour permettre à ceux qui souhaitaient travailler plus longtemps de pouvoir le faire et d'y être financièrement incités par un bonus.

Enfin, le troisième principe était celui de la sécurité. L'exigence absolue était alors de sauvegarder ce pacte entre générations qu'est la retraite par répartition, récusant, de fait, la substitution à ce système de répartition d'un système dit par capitalisation – où celui qui cotise garde son argent pour plus tard, tandis que dans le système de répartition ce sont les cotisations des actifs d'aujourd'hui qui financent les retraites d'aujourd'hui.

Ça, c'était pour le fond. Pour ce qui concerne la forme, il fut décidé de présenter les choses aux Français de manière très simple en indiquant les masses financières en cause et en rappelant deux choses : d'abord que nous étions le pays d'Europe où l'on rentrait dans la vie active le plus tard à cause de l'allongement de la durée des études et où l'on partait en retraite le plus tôt (à 60 ans voire moins), alors même qu'avec les progrès de la médecine on vivait de plus en plus vieux. De sorte que le système actuel, si on ne le modifiait pas, risquait de mener à la faillite généralisée.

Il restait à mettre la dernière main à la méthode. Là-dessus, chaque membre du groupe avait sa petite idée, et il faut bien le dire, prêchait pour sa paroisse. Fillon et Delevoye craignaient surtout d'échouer avec les syndicats. On les comprend d'autant mieux qu'ils avaient en face d'eux des partenaires sociaux affolés à l'idée que des décisions puissent être prises sans eux, et en même temps extrêmement fermés – à l'exception très remarquable de la CFDT – à toute évolution.

La méthode retenue fut baptisée pompeusement la « méthode des trois D » : diagnostic, dialogue, décision. En clair, le diagnostic devait servir à l'électrochoc de la prise de conscience. Le dialogue devait permettre de trouver le ou les syndicats qui accepteraient, moyennant quelques concessions, de signer un accord. Quant à la décision, elle devait être l'occasion pour le gouvernement d'affirmer clairement son autorité. La partition avait du panache, mais nous savions bien que tout serait dans l'art de l'exécution.

Cette réunion de la fin du mois de novembre avait été évidemment fondatrice. Elle était le produit de longues heures de cogitation pour l'ensemble de nos équipes. L'étape suivante était de passer le ballon à la communication. Dominique Ambiel avait alors pour mission d'y travailler avec François Fillon et moi-même en tant que porte-parole, en y associant l'équipe d'un publicitaire de talent, Maurice Lévy, président de Publicis. Le 4 janvier 2003, nous nous retrouvons à déjeuner avec les mêmes ministres autour du Premier ministre. S'ajoutent à notre petit comité Maurice Lévy et Raymond Soubie, l'un des meilleurs spécialistes français des questions sociales. Nous sommes tellement concentrés sur notre sujet que nous ne nous apercevons même pas qu'il neige abondamment sur Paris et que ce week-end d'intempéries va totalement paralyser l'Île-de-France et provoquer d'ailleurs de grands mécontentements dans l'opinion. Dans la salle à manger feutrée du Premier ministre, nous validons point par point avec

Raymond Soubie, pour le versant syndical, et Maurice Lévy, pour le versant opinion publique, l'ensemble de notre stratégie. Le Premier ministre décide qu'il donnera le top départ de la réforme lors d'un grand discours devant le Conseil économique et social au début du mois de février. Le calendrier était alors construit avec précision. En février : on présente les grands principes et on lance la concertation sociale. Mars-avril : c'est le temps du dialogue avec les partenaires sociaux. Mi-avril : on annonce le plan quasi définitif. Le calcul était de réserver le temps des grandes manifestations pour le mois de mai qui était fort pourvu en ponts. Et au mois de juin, on passait le texte au Parlement pour une adoption avant la fin de la session. Tout cela était donc réglé comme du papier à musique. Il ne restait plus qu'à se lancer. Les convives du déjeuner du 4 janvier se séparent, conscients que le défi était lourd, mais relativement optimistes quant à son succès. Dominique Ambiel et Maurice Lévy s'attellent, avec les équipes de François Fillon et les miennes, à l'élaboration d'une grosse campagne de communication destinée à informer et à rassurer les Français, tandis que chacun s'emploie à mettre en œuvre sa feuille de route, notamment sur la partie syndicale.

L'aventure commence

Le discours du Premier ministre au Conseil économique et social le 3 février est bien perçu. Chacun a conscience que notre projet est aussi équilibré que possible... et surtout que les décisions nécessaires pour la France ne peuvent plus attendre. Et là, alors que s'engage la concertation sociale, chacun campe son personnage sans surprise.

Marc Blondel, patron du syndicat FO, prend la posture bougonne qu'il n'avait jamais quittée depuis son « grand succès » des grèves de décembre 1995. Il explique *urbi et orbi* qu'il aurait mieux valu augmenter les cotisations, là où le gouvernement refusait cette formule pour choisir l'augmentation de la durée au travail. Bernard Thibault, au nom de la CGT, a du mal à dissimuler sa colère. On le sait habitué aux jeux de rôle, mais chacun avait vite compris que son obsession était de tenir une base de plus en plus difficile, sous l'influence des syndicats proches de l'extrême gauche. Il restait François Chérèque. Le patron de la CFDT, qui avait succédé à la très populaire Nicole Notat, devait imprimer sa marque sur cette réforme. Depuis le début, Fillon, avec beaucoup d'intuition, comme Jean-Paul Delevoye nous avaient l'un et l'autre prédit que la CFDT serait une clé majeure dans la réussite ou l'échec de l'opération. Chérèque avait posé ses conditions : préserver les longues carrières. Les longues carrières, c'étaient ces nombreux Français qui avaient commencé à travailler à 14, 15 ou 16 ans et qui ne pouvaient pas attendre l'âge de 60 ans, et donc cotiser pendant quarante-cinq ou quarante-six ans, pour prétendre au droit à la retraite. Cette concession était très coûteuse pour les pouvoirs publics : 1,2 milliard d'euros environ par an. Mais chacun comprenait que c'était le prix à payer pour un accord.

Ainsi, lorsque les 17 et 18 avril, Fillon annonce les détails de son plan, les réactions ne surprennent personne. Mais les mots ont un sens. Si Blondel appelle à la mobilisation générale, il n'appelle pas à la grève générale. Si Bernard Thibault se montre extrêmement critique sur notre réforme, il donne parfois le sentiment qu'elle est inéluctable. Chérèque, habile, reste ferme sur ses positions et sa demande de concession. C'est lui qui, comme prévu, aura gain de cause. En échange, il signe et permet ainsi à la première étape du processus d'être remportée dans les meilleures conditions possibles. Sur le papier, l'accord de la CFDT correspondait déjà à un premier geste très encourageant. Il nous restait alors à affronter l'étape suivante : les grèves de mai.

Notre petit groupe continuait ses réunions régulières pour faire le point de la situation et chacun comprenait que nous avions la main. D'autant que l'opinion publique, si l'on en croit les sondages du moment, soutenait plutôt cette réforme, sans enthousiasme, mais avec la conscience qu'il fallait bien un jour ou l'autre la faire. Pour une fois, l'heure n'était plus à demander encore un quart d'heure de grâce au bourreau ! Le 13 mai 2003, c'est le grand rendez-vous de la manifestation. Je n'oublierai pas cette soirée-là. Vers 19 heures, nous sommes dans le bureau du Premier ministre. Les fiches des préfectures s'accumulent, rendant compte de la mobilisation. Il y a eu à peu près deux millions de personnes dans la rue. C'est dans ces moments-là qu'on mesure la difficulté du métier politique et c'est dans le regard des décideurs que l'on appréhende la solidité de leur colonne vertébrale. Et le soir où, par ses décisions, on a fait sortir deux millions de personnes dans la rue, on se demande toujours s'il faut tenir, pourquoi, comment. D'autant que le lendemain, la vie doit continuer. Dominique Ambiel entre alors à son tour dans le bureau de Jean-Pierre Raffarin :

« Arlette Chabot, dit-il, demande un ministre pour un débat contre Bernard Thibault lundi prochain à l'émission “Mots croisés” de France 2. Qui prend ? »

Je meurs d'envie d'aller en découdre contre Bernard Thibault, mais je suis le quatrième dans la hiérarchie des personnes présentes. Difficile de ne pas attendre mon tour. Le Premier ministre interroge :

« Qui est candidat ? »

François Fillon fait observer que, en pleine négociation syndicale, il lui est difficile de se retrouver sur un plateau de télé avec l'un d'entre eux. Bonne remarque. Mattéi souligne qu'il est en charge de la Santé, ça n'est pas son sujet. Delevoye fait la même observation que François Fillon pour les fonctionnaires. Gagné : j'irai affronter Bernard Thibault. Je le connais un peu. Nous avons eu l'occasion de débattre ensemble à plusieurs reprises ces dernières années, et notamment par écrit dans le journal *Le Monde*. Mais, cette fois, la confrontation sera les yeux dans les yeux. Le débat entre nous sera sans concession, chacun campant sur ses positions.

Dès le début de l'émission, je le sens ragaillardi par le succès des manifestations en province comme à Paris. En même temps, je détecte dans son regard une lueur d'hésitation, de doute. Comme s'il lui venait parfois la tentation de vouloir dire oui à une réforme mais de ne pas oser, de ne pas trouver les mots, de ne pas franchir le pas. Mais la lueur des regards ne fait pas les émissions. Les mots, eux, frappent comme des coups de poing :

« Monsieur Copé, me dit Thibault, vous appartenez à un gouvernement qui n'a rien compris à la colère des Français. Ils sont des centaines de milliers à manifester dans la rue et vous continuez obstinément à imposer une réforme dont ils ne veulent pas. »

Je réplique avec l'argument classique de ma famille politique :

« Êtes-vous aussi sûr, monsieur Thibault, que les Français n'en veulent pas ? Est-ce que ceux qui sont dans la rue représentent à eux seuls la France ? Que dire de ceux qui, silencieux chez eux, approuvent ce que nous faisons ? »

Le débat se poursuit dans la même veine :

« Vous niez la réalité de la démocratie sociale, continue Thibault. Avec ce type de politique, vous multipliez les frustrations et la colère des Français. »

Je tiens bon :

« Non, monsieur Thibault. Quitte à ne pas vous convaincre ce soir, je vous le redis : nous sommes là pour assumer ce que d'autres n'ont pas voulu faire avant. C'est notre devoir de le faire avant qu'il ne soit trop tard. »

Même Arlette Chabot s'ennuie ! Ce discours convenu entre responsables politiques et leaders syndicaux lasse tout le monde depuis des années et explique le déclin des émissions de cette nature. En bonne professionnelle, elle me pique au vif pour relancer le débat :

« Alors, Jean-François Copé, est-ce qu'on peut continuer à gouverner quand on a des millions de Français qui réclament le retrait de votre réforme et qui risquent de bloquer le pays ? »

Et là, je me lâche :

« En ce moment, la France est divisée en deux camps. Deux camps qui ne portent pas le même regard, qui n'ont pas la même conception sur l'avenir des enfants. D'un côté, les conservateurs, de l'autre, les réformateurs. Le conservateur, c'est celui qui veut que rien ne bouge, qui considère qu'il ne faut toucher à rien, que les enfants se débrouilleront quand ils seront grands. Pour le conservateur, il ne faut pas décentraliser, il ne faut pas moderniser, il ne faut pas réformer. Pour le réformateur, naturellement, c'est l'inverse. L'avenir des enfants, pense-t-il, exige que l'on s'en préoccupe dès maintenant et que les décisions difficiles soient prises tout de suite. »

Comme prévu, Bernard Thibault le prend mal et le débat dégénère un peu, les propos s'enflamment – de sorte qu'Arlette Chabot atteint son objectif. C'est un dilemme éternel que celui-là. Chaque camp a le sentiment d'avoir forcément raison. L'opposition entre les deux est tellement frontale, faite de tant d'incompréhension et de non-respect mutuel. Je l'avoue, dans ces moments-là, on est envahi d'une grande lassitude et en même temps il n'est pas question de lâcher.

En écoutant Thibault, je ne pouvais oublier ce problème majeur et lancinant qu'est celui de la très faible représentativité de nos syndicats en France. 8 % de salariés syndiqués dans le secteur privé, est-ce vraiment pertinent ? La France est ainsi un des seuls pays où les syndicats ont autant de poids et aussi peu de caractère représentatif : il faudra bien un jour sortir de ce paradoxe, si l'on veut que le débat social reflète davantage la diversité du monde du travail et de la société.

La tuile imprévue : les profs dans la rue

Il reste qu'il y avait eu vraiment beaucoup de monde ce 13 mai dans la rue et je n'arrivais pas à me l'expliquer complètement. Alors que je voyais des leaders syndicaux globalement résignés, j'étais frappé par les images télévisées de manifestants très fortement en colère. Certes, j'expliquais inlassablement dans les briefings de presse que c'était l'image déformante des écrans de télévision qui zoomaient sur les banderoles, donnant le sentiment d'une France intégralement descendue dans la rue, alors que la réalité n'était pas celle-là. Mais je n'en demeurais pas moins très perplexe. Était-ce un baroud d'honneur ? Était-ce seulement l'expression de fonctionnaires en colère de devoir, cette fois, porter seuls le fardeau puisque la mesure de rattrapage par rapport aux salariés du privé les engageait en premier ? Oui, sans doute. Mais enfin l'ambiance commençait à devenir un peu surréaliste. D'un côté, des manifestations qui se succédaient alors que les accords étaient globalement passés avec les organisations syndicales. Et de l'autre, notre famille politique qui commençait à s'impatienter, trouvant que le temps du dialogue était largement épuisé. Plus personne ne comprenait très bien pourquoi ces mouvements se prolongeaient. Encore un beau décalage entre la réalité politique et la perception que l'on s'en fait dans les foyers français. Car, bien entendu, on ne parlait que de cela depuis plus de trois mois, et pourtant rien n'avait encore été décidé formellement, le passage d'une loi au Parlement étant requis.

C'est à ce moment-là qu'un « dégât collatéral » est venu se greffer au reste : les syndicats d'enseignants sont montés au créneau. La tuile ! Car s'ils avaient été associés naturellement à l'ensemble des négociations sur la Fonction publique, personne n'avait imaginé au sein de notre équipe qu'ils allaient porter et prolonger la durée des grèves et les manifestations dans le secteur public. Nous savions très bien que ce qui motivait leurs protestations était leur opposition ferme à l'augmentation de durée de cotisation pour les retraites. Beaucoup de responsables syndicalistes enseignants, d'ailleurs, interrogés à la télévision ou à la radio, ne se privaient pas de dire combien il leur était pénible de prolonger de deux ans et demi leur durée d'activité en classe. Mais les responsables syndicaux savaient très bien que ce ne pouvait pas être un argument suffisant. Est alors intervenue, ce que la magie syndicale sait faire admirablement bien, la technique de l'amalgame. C'est ainsi qu'est venu sur la table le projet de décentraliser aux départements et aux régions les fameux TOS, les personnels techniques d'entretien des établissements scolaires, collèges et lycées, pourtant recommandé par Pierre Mauroy dans son rapport sur la décentralisation publié en 2000. Tout cela commençait à devenir sérieusement inquiétant. Je le mesurais très concrètement à travers les nombreuses questions que me posaient les journalistes. Les syndicats d'enseignants prenaient la défense des personnels techniques en faisant croire qu'ils allaient être livrés au bon vouloir des « redoutables » conseils généraux et régionaux. Il s'agissait pourtant là d'une mesure de bon sens pour améliorer la gestion des ressources humaines au service de personnels jusqu'alors bien peu considérés. Pour les rassurer, le Premier ministre m'avait demandé de confirmer publiquement que ces fonctionnaires conserveraient toutes leurs garanties statutaires, ce que je m'étais empressé de faire.

Mais Raffarin comme Fillon voyaient bien que sur ce sujet le risque d'un dérapage non contrôlé était réel et pouvait faire échouer tout notre bel édifice, d'autant que Luc Ferry, ministre de l'Éducation nationale, souffrait visiblement beaucoup dans ses relations avec ses interlocuteurs syndicaux. Jean-Pierre Raffarin a alors l'idée d'appeler son ministre de l'Intérieur en renfort, puisqu'il était chargé de préparer la loi de décentralisation. On assiste à un duo hallucinant entre

Luc Ferry et Nicolas Sarkozy, chargés ensemble, après une réunion de crise des ministres le lundi soir de Pentecôte, de négocier avec les syndicats. En quarante-huit heures, c'est un Sarkozy magistral et redoutablement efficace qui clôt ce conflit parallèle et en tire naturellement le bénéfice politique. Les choses sont ainsi décidées : on maintient le transfert des 95 000 TOS mais on renonce à décentraliser les 5 000 conseillers en psychologie.

Tout le monde au gouvernement retrouve le moral. On décide de tenir bon avec deux idées clés. La première, pas très glorieuse, relève du bon sens : les vacances arrivent et chacun sait qu'il est plus difficile de faire grève dans l'Éducation nationale à compter du 1er juillet. Et surtout, la seconde idée qui va faire une bonne partie de la popularité de Raffarin : il annonce que les jours de grève ne seront pas payés. À la fin du mois de juin, la rue s'apaise.

Un Parlement en apesanteur

Vient alors la dernière étape du plan du 4 janvier : le débat parlementaire. Là encore, les choses auraient dû mieux se passer. En charge des Relations avec le Parlement, je m'attendais évidemment à ce que Fillon, au banc du gouvernement, ait à affronter une opposition forte et musclée du PS et du PC à l'Assemblée nationale comme au Sénat. Mais j'avoue n'avoir pas imaginé une seconde que l'on aurait à faire face à une telle opération d'obstruction : plus de 8 600 amendements débattus, dont 7 300 émanant du seul groupe communiste et défendus par le redoutable et inépuisable Maxime Gremetz. Ainsi s'est déroulé, entre la dernière semaine de juin et la troisième semaine de juillet, un débat interminable (et inhumain pour le ministre des Affaires sociales) de quatre semaines à la lumière artificielle des deux hémicycles. En effet, une fois passé la phase classique de discussion générale où gauche et droite ont pu allègrement s'invectiver, puis la discussion des grands articles touchant aux principes de la réforme (équité, libre choix et solidarité), il a fallu affronter un à un, et ce pendant des heures et des heures, les milliers d'amendements de la gauche. Les scènes se succédaient, toutes plus irréalistes les unes que les autres. Fillon et Gremetz se sont affrontés en un match à la fois ridicule et improbable, devant un Jean-Louis Debré présidant l'Assemblée nationale, profondément attaché au respect des droits du Parlement, et opposé par conséquent à ce qu'on utilise les armes prévues par la Ve République pour abréger un débat intenable.

Quant à moi, secrétaire d'État chargé des Relations avec le Parlement, je mesurai à cette occasion mon impuissance totale à régler les problèmes. D'un côté, les députés de la majorité étaient présents pour faire nombre, assis à leur banc pendant des journées entières, lisant leur courrier, leurs journaux, tout en étant interdits de parole pour ne pas rallonger les débats. De l'autre, une poignée de députés socialistes et communistes défendaient des amendements parfaitement abscons, destinés uniquement à retarder les votes. Je me souviens ainsi d'un amendement visant à instaurer une meilleure information des salariés sur l'évolution du pouvoir d'achat de leur pension, déposé à l'identique cent quarante-huit fois ! Ne parvenant pas à convaincre la présidence de l'Assemblée qu'il fallait faire appel soit à la technique du vote bloqué, soit à l'article 49.3 de la Constitution permettant d'interrompre le débat et de passer au vote, et me trouvant ainsi totalement inutile, je venais au banc tenir compagnie à François Fillon qui faisait preuve d'une solidité remarquable. Je garde de cette étape parlementaire de la réforme des retraites un souvenir contrasté. Je savais naturellement comme tous mes collègues ministres que la bataille était gagnée à ce moment-là. Nous étions en plein mois de juillet : la phase de discussion syndicale et de mobilisation dans la rue était close, la décision était prise et les Français étaient eux-mêmes persuadés que tout était déjà terminé et que la réforme était en place. Et pourtant, dans un petit coin de Paris, au Palais-Bourbon, puis au palais du Luxembourg, continuaient de s'étriper dans l'indifférence générale un ministre et quelques députés, dans un jeu de rôle à la fois héroïque et inutile, loin des réalités et des préoccupations de ceux qui nous avaient élus.

Durant ces six mois de travail sur la réforme des retraites, j'ai appris à mieux connaître François Fillon. Il m'a donné le sentiment de mener son combat avec beaucoup d'efficacité et de détermination. À la fin de juillet 2003, il est un beau symbole de l'état d'esprit de notre gouvernement : victorieux mais sans nul doute épuisé.

En ce milieu d'été où la chaleur sur Paris, comme sur le reste de la France, est accablante, où il faut attendre le début de soirée pour trouver un peu d'air dans la pollution ambiante, notre équipe est fatiguée. Elle pense avoir vaincu la rue puisque les jours de grève n'ont pas été et ne seront sans doute plus jamais payés. Elle imagine avoir remporté une magnifique bataille avec cette réforme des retraites que personne ne voulait faire. Elle a raison, même si elle se cache un peu à elle-même qu'elle n'a pas fait tout le chemin : il reste 30 % de manque à financer et surtout nous avons dissimulé d'un voile pudique le financement des retraites dans les régimes spéciaux SNCF, RATP, EDF qui avaient provoqué en 1995 l'échec du gouvernement Juppé.

Et alors que chacun commence à préparer ses valises pour les vacances et que l'on se sépare après le dernier Conseil des ministres de début août, personne ne songe à autre chose qu'à « débrancher » pendant trois semaines. Le 1er août, je quitte le ministère des Relations avec le Parlement pour retrouver ma famille au bord de la mer. Je regarde le ciel bleu, superbe. Je vais enfin profiter du beau temps, me dis-je. Je ne pense pas un instant que cette magnifique météo va cacher la plus grande canicule jamais enregistrée en France et l'un des plus beaux désastres politiques de ces dix dernières années.

6.

De l'Assomption à la Pentecôte : l'interminable canicule

Parce que la réforme des retraites a été perçue comme un vrai succès pour l'équipe Raffarin, l'épreuve de la canicule, et de ses suites, est apparue par contraste comme un chemin de croix. Ce type d'expérience terrible, qui peut arriver à n'importe quel gouvernement en place, mérite d'être conté par le menu, telle une pièce en trois actes.

Acte I : Un été tragique que l'on n'a pas vu arriver

Lundi 11 août 2003. Nous sommes au lendemain d'un week-end où la quasi-totalité des Français est en congés et où l'actualité est, pour l'essentiel, réduite aux aventures chamarrées du rassemblement organisé par José Bové dans le Larzac avec les altermondialistes. Je suis invité à faire une interview téléphonique le lundi matin sur la radio RMC. J'ai, naturellement, affûté mes critiques et mes bons mots pour ironiser sur cette manifestation d'extrême gauche dont les médias raffolent et qui, détail amusant, a vu le nom de François Hollande autant houspillé par les visiteurs du Larzac que ceux de l'actuelle majorité. J'ai mes formules bien préparées dans la tête. Je compose le numéro de RMC. Une voix sympathique me répond :

« Bonjour, ne quittez pas, je vous passe le studio. »

Petits bruissements à l'écouteur et me voilà en direct.

« Bonjour, monsieur Copé, vous êtes en direct sur la radio RMC. La canicule a envahi le pays, le président du Syndicat des médecins urgentistes dénonce l'insuffisance de lits disponibles dans les services d'urgence. Quels sont vos commentaires ? »

Un peu surpris par cette première question bien éloignée du Larzac, je me prépare à formuler une réponse basique, en langue de bois maximale :

« Il est vrai que cette période de l'année est propice aux dangers de la chaleur et on ne peut qu'inviter les Français à être prudents et attentifs dans leur comportement. Pour le reste, d'après les informations dont je dispose, nos services publics fonctionnent le mieux possible dans ces temps de vacances. »

Mais le journaliste insiste :

« Pourtant, monsieur le ministre, les services d'urgence se plaignent d'être dépassés par le nombre de patients en déshydratation, et notamment des personnes âgées...

— Oui, c'est pour cela que des consignes sont données, dis-je, pour ouvrir progressivement les lits dans les endroits où c'est nécessaire. »

L'interview enchaîne sur d'autres questions. Le Larzac est à peine évoqué et j'avoue, sur le moment, ne pas mesurer que nous sommes au démarrage de ce qui va devenir une très mauvaise affaire d'État. Mais, pour tout dire, c'est là que s'arrête la compétence du porte-parole. Sans information en cette période de congé gouvernemental, n'étant pas en charge du ministère de la Santé, il m'était difficile d'en dire beaucoup plus.

Le soir au journal de 20 heures, c'est Jean-François Mattéi, alors ministre de la Santé, qui s'exprime. Et les ennuis vont commencer pour le gouvernement. Jean-François Mattéi, n'ayant pas pris, à ce moment-là, la mesure de la catastrophe qui s'annonce, s'exprime en duplex de chez lui, filmé dans son jardin avec ce fameux polo noir qui donne le sentiment, bien injuste, d'un ministre dilettante sur un sujet majeur. Nous sommes en plein été. Personne n'imagine alors, en l'absence d'actualité alternative, que ce sujet va devenir l'affaire de la canicule.

Au lendemain de l'intervention de Jean-François Mattéi au 20-heures, les journalistes commencent à accentuer leurs critiques, aiguillonnés en cela avec une habileté militante par le Dr Pelloux, le patron du Syndicat des médecins urgentistes. Les critiques à l'égard des insuffisances du service public en cette période estivale se font de plus en plus précises. François Hollande va même jusqu'à porter l'estocade en donnant une interview mordante, pour expliquer en substance que les ministres sont en vacances pendant que des Français meurent de la canicule. En bon professionnel, il se garde bien d'admettre que, depuis vingt ans, ni la gauche ni la droite n'avaient vu venir le problème.

Jean-Pierre Raffarin comprend vite qu'il ne s'agit plus là d'un sujet mineur. Le mercredi 13 août, il rassemble à Matignon en mini-réunion de crise plusieurs de ses ministres et décide le lancement du fameux plan blanc pour réquisitionner des lits hospitaliers. De mon côté, je donne une interview au *Monde* pour essayer d'organiser un minimum de contre-attaque politique car l'opposition socialiste s'est évidemment réveillée à cette occasion. J'évoque, en particulier, l'idée que l'état de nos hôpitaux est largement lié aux effets désastreux des 35 heures qui conduisent à des sous-effectifs chroniques durant l'été.

Mattéï m'appelle affolé :

« Il faut arrêter de mettre en cause les 35 heures à l'hôpital car les syndicats hospitaliers me menacent d'une grève générale. »

Sur ce coup-là, je m'agace un peu :

« Non, lui dis-je, ne te laisse pas impressionner. Nous ne pouvons pas continuer d'être sur la défensive sur un sujet qui nous échappe à tous deux, car il s'agit en réalité d'une défaillance majeure dans le fonctionnement de l'État. Tu verras que, sur ce sujet, il y aura besoin de restructurations profondes. »

Je ne croyais pas si bien dire. Du coup, à la demande du Premier ministre, me voilà en première ligne médiatique. Je fais à cette occasion mon premier passage en plateau au 20-heures de TF1, pour répondre aux questions de Laurence Ferrari, qui organise un duplex avec le fameux Dr Pelloux. Inutile de dire combien, pour un baptême du 20-heures, l'exercice fut difficile. L'ambiance de dramatisation était telle que je devais absolument éviter de donner l'image d'un porte-parole voulant à tout prix défendre l'indéfendable. Un peu ému moi-même, sentant la pression sur mes épaules, j'exprime le message de compassion à l'égard des personnes décédées que beaucoup attendait. Puis je m'efforce de déclarer sans polémique au représentant des urgentistes, lui très offensif, que notre mobilisation est croissante, que nous répondons le mieux possible à cette situation inédite. Que pouvais-je dire de plus en cette chaude soirée où l'État m'apparaissait si fragile sur ses bases ?

Durant toute cette crise, Dominique Ambiel, le conseiller en communication de Jean-Pierre Raffarin, et moi-même n'avons cessé de nous parler et d'échanger le maximum d'informations et d'idées. Chaleureux, disponible, il m'a énormément aidé dans l'exercice de mes fonctions de porte-parole. Période incroyable que ce mois d'août 2003 où l'on découvre des conseillers techniques de cabinet injoignables, des directeurs d'administration en congé et des ministres psychologiquement éloignés de la réalité du moment. Personne n'a vu que l'on s'acheminait vers un drame national. Ce drame, la France ébahie en prend la mesure à son retour de vacances en apprenant que cette canicule a entraîné le décès de près de 15 000 personnes, parmi les plus fragiles, les plus âgées et, dans la majorité des cas, restées seules chez elles dans leur domicile surchauffé.

Acte II : Un automne de traîne pour un gouvernement abasourdi

Très vite vient le temps des règlements de comptes. Chacun cherche des responsables, parfois dans un climat d'exploitation politicienne particulièrement glauque.

Jeudi 24 août 2003, c'est le premier Conseil des ministres de rentrée. Le président de la République fait une déclaration solennelle afin d'engager la remobilisation de ses troupes. Je suis moi-même chargé de faire le « service après-vente » lors du point de presse hebdomadaire de sortie de conseil. Jamais je n'avais vu autant de journalistes à un point de presse depuis le début de ma prise de fonctions. Tous sont là avec une seule question aux lèvres : le ministre de la Santé va-t-il démissionner ? La suite de l'histoire, on la connaît. Le ministre de la Santé n'a pas démissionné et il nous a fallu plusieurs semaines pour accepter de reconnaître que nous avions gravement sous-estimé l'ampleur de cette catastrophe. Il est vrai que ce drame était le révélateur de beaucoup d'autres, et en particulier des fissures terribles que recélaient notre société et notre système d'État.

L'État d'abord. Au mois d'août, l'essentiel de ses forces vives est en vacances. Les intérims sont médiocrement organisés et le degré de vigilance est, il faut bien le dire, très faible. Tout a été dit sur les capacités d'accueil de notre système hospitalier en période estivale. Là encore, les carences découvertes sont majeures. Sans oublier le constat principal : la France est très en retard en ce qui concerne les places disponibles pour les personnes âgées dans les maisons de soins et les établissements gériatriques.

Mais derrière cela se révèle une véritable crise de société où le lien entre les générations s'est considérablement fissuré, miné par les égoïsmes individuels. La plupart des personnes décédées avaient été tout simplement « oubliées » par leurs enfants, petits-enfants ou arrière-petits-enfants. Là commencent à circuler les formules les plus déplacées. On entend certains, ici ou là, expliquer que ceux qui étaient décédés en août seraient sinon probablement décédés deux ou trois mois après. Et puis enfin, ces dépouilles à la morgue de Thiais que leurs familles ne sont pas venues chercher...

La crise de l'été 2003 est aussi le révélateur d'une situation démographique que les pouvoirs publics successifs ont refusé d'intégrer dans leurs prévisions et dans leur processus de décision. En particulier cette idée que, d'ici à dix ans, le nombre de personnes de plus de 85 ans va doubler et qu'une famille sur deux sera concernée de près ou de loin par la maladie d'Alzheimer. Ainsi, au-delà des nécessaires aménagements de dispositifs d'alerte et des services d'urgence, il fallait prendre des décisions difficiles et indispensables pour améliorer durablement la prise en charge de la dépendance.

Dès ce moment, Jean-Pierre Raffarin a compris que des décisions fortes étaient nécessaires. En même temps, le cœur n'y était pas. Quelque chose semblait s'être brisé. Les sondages s'étaient brutalement effondrés. Au sein de l'équipe gouvernementale même, l'atmosphère avait changé. Autant le printemps précédent avait été vécu dans l'enthousiasme et la combativité, autant l'automne postcaniculaire nous avait assommés. La croissance économique était au plus bas, le chômage remontait, et l'image de ces milliers de décès semblait nous coller définitivement à la peau. À Matignon aussi, un ressort semblait cassé. Le Premier ministre s'était montré courageux et en permanente initiative pour conduire la réforme des retraites six mois plus tôt. Là, il avait le sentiment – juste – que toute décision qu'il prendrait serait perçue comme défensive, destinée seulement à rattraper le temps perdu. Sentiment terrible, inhérent à la fonction usante de Premier ministre. La conscience que le sol se dérobe sous vos pieds, que chaque nouveau pas en avant peut vous affaiblir au lieu de vous renforcer. J'ai découvert un Raffarin à la fois très humain et très lucide durant cet automne 2003. Très humain parce qu'il avait décidé de couvrir ses ministres – notamment son ministre de la Santé marqué par l'épreuve – et d'assumer seul des défaillances majeures qui ne lui incombaient pas. Très lucide parce qu'il lui fallait annoncer aux Français que les besoins de notre pays, pour rattraper le retard en matière d'équipements et de services d'accueil pour les personnes âgées, se chiffrait à plusieurs milliards d'euros, ce qui allait forcément créer dans l'opinion un deuxième choc encore plus brutal que le premier.

Traditionnellement en France, toute réforme se traduit par une augmentation d'impôts pour être financée. Là, cette hypothèse fut écartée d'emblée : pas question d'augmenter les impôts ou de créer une nouvelle taxe. Cela aurait grevé le pouvoir d'achat des Français et réduit à néant tout ce qui avait été engagé pour relancer la croissance. Raffarin a donc imaginé une formule qui a constitué un véritable bouleversement dans les habitudes françaises. Pour la première fois, un Premier ministre décidait que l'on financerait cette réforme coûteuse par un accroissement du travail fourni. L'idée était simple : les Français étaient invités à renoncer à une journée fériée ou de congé. La contrepartie de ce travail devait donner lieu à une cotisation versée par les entreprises à une caisse de solidarité autonome, distincte du budget de l'État, ayant vocation à financer le plan de solidarité en faveur des personnes âgées. L'annonce de ce plan rencontre alors l'adhésion d'une majorité de Français, mais aussi de certains leaders de l'opposition qui, quelques semaines auparavant en juin 2003, avaient signé un appel pour la suppression d'un jour férié afin de financer la dépendance (parmi les signataires : Laurent Fabius, Jean-Marc Ayrault, Marylise Lebranchu, pour ne citer qu'eux). Le drame, en ce début d'automne 2003, était très présent dans les esprits et les sondages montraient que si les Français restaient très sévères à l'égard de leurs gouvernants, ils approuvaient la création d'une journée de solidarité pour financer ce plan d'urgence.

Viennent alors les premières difficultés. Quelle journée choisir ? À quel jour férié fallait-il renoncer ? Dès lors, chacun monte au créneau. Les associations religieuses, les associations d'anciens combattants, les régions et leurs offices du tourisme, les entreprises, les syndicats. Tous étaient plus ou moins d'accord sur le principe, mais personne ne s'accordait sur les modalités de mise en œuvre. Finalement, après concertation, le Premier ministre rend le verdict dans ce choix impossible. Son idée est pragmatique : c'est par la négociation branche par branche, entreprise par entreprise, que se décidera le choix du jour de solidarité et, par défaut, ce sera le lundi de Pentecôte. C'était donc la souplesse qui était annoncée afin de contraster avec l'expérience désastreuse des 35 heures imposées d'en haut sans concertation. L'idée était, par cette souplesse, de tenir compte de la diversité des situations.

Acte III : Un printemps de boulevard : une fois la règle acceptée, comment la décaler puis la contourner

Comme toujours lorsqu'on change l'ordonnancement des choses, les anticorps se mettent au travail. Premier objectif : gagner un an. La perspective des élections régionales de mars 2004 fournissait le prétexte idéal. « Cessons d'énerver les Français », conseillaient les responsables de la majorité. Il est donc décidé que la première année d'application serait différée à 2005.

Puis le système D s'est mis en marche et cette journée de solidarité a été le réceptacle de tout ce que l'organisation française fait de plus inventif. Des mairies, y compris celles tenues par les maires de la majorité, restèrent ostensiblement fermées le lundi de Pentecôte. Des entreprises, parmi les plus grandes, offrirent une journée de RTT le lundi de Pentecôte à leurs salariés. N'oublions pas, bien entendu, les appels multiples à manifester et à faire la grève. La France ce 16 mai 2005 a donné d'elle-même une image peu glorieuse.

Et pour finir, un commentaire libre de la pièce

L'essentiel a pourtant été fait : par les cotisations versées grâce à cette journée notre pays récoltait deux milliards d'euros destinés à financer la première étape de ce plan d'équipements en faveur des personnes âgées et handicapées.

La deuxième vertu de cette décision était qu'on osait affirmer, enfin, que le travail se devait de financer notre système de protection sociale et qu'en travaillant davantage nous sauverions notre modèle social. Il valait mieux, évidemment, pour notre économie et pour notre avenir, financer tout cela par du travail supplémentaire plutôt que par de l'impôt supplémentaire. Cela relevait du bon sens. Cependant, la manière dont les choses s'étaient passées avait suscité la colère de beaucoup de nos compatriotes (ceux qui travaillaient comme ceux qui ne travaillaient pas ce jour-là) et, de la part des regards étrangers, beaucoup d'étonnement.

Cela me conduit à dire que cette histoire a montré autre chose encore. Il est une vérité peut-être difficile à entendre : les Français sont très sensibles aux drames, aux malheurs et capables, dans l'émotion, d'incroyables élans de générosité (on se souvient, par exemple, de l'afflux des dons après le tsunami qui a ravagé l'Asie du Sud-Est à Noël 2004), mais chaque renoncement à un avantage est pour eux une véritable déchirure. Avant tout guidée par l'émotion, relayée par les médias, la mobilisation reste souvent éphémère. Une sorte de générosité par coups de cœur mais qui ne permet pas d'assurer la solidarité dans la durée. Dès que l'événement n'est plus sous les feux de l'actualité, l'émotion s'atténue, le sentiment de culpabilité disparaît et avec lui la nécessité d'agir. Et on passe à autre chose. Cette solidarité de l'émotion a ceci de terrible qu'elle tend à éluder toute idée d'efforts. On veut bien soulager sa conscience, mais pas renoncer à ses avantages. C'est toute l'histoire de cette journée de solidarité. L'appel à la générosité, bien accueilli sur le moment, fut suivi d'un braquage viscéral face à la réforme et à l'idée de travailler davantage.

J'ai ressenti beaucoup d'indignation et je l'assume. Certes, notre gouvernement a mal et tardivement réagi. De ce point de vue, l'opinion publique a eu raison de nous en vouloir et l'effondrement des cotes de popularité du gouvernement Raffarin en a été l'illustration. Cependant, la décision qui a été prise alors de créer cette journée de solidarité était la bonne et la plus courageuse. Mais soyons francs jusqu'au bout. L'hostilité des Français à cette mesure avait aussi une autre signification : ils ne nous ont pas crus. Nous ne les avons pas convaincus qu'en sacrifiant une journée de congé nous allions régler le problème. Cela renvoie les politiques à leurs propres responsabilités, eux qui depuis vingt-cinq ans ont eu tant de mal à porter jusqu'à leur terme les mesures nécessaires mais impopulaires.

J'ajoute à ce douloureux épisode deux derniers enseignements. En premier lieu, l'application de cette décision est arrivée trop tard. Elle n'était plus liée en 2005, dans l'esprit des Français, au drame de l'été

2003. Nous avons payé cher ce retard de près de deux ans sans jamais vraiment l'assumer, perdant ainsi sur tous les tableaux. En second lieu, je pense que nous avons acquitté, à l'occasion de cette journée de solidarité, des additions bien plus anciennes. J'ai ainsi quelques raisons de croire que les contestations, notamment syndicales et politiques, étaient aussi un moyen de régler des comptes liés à l'adoption de la réforme des retraites.

Mars 2005. Nous revenons en avion, Jean-Pierre Raffarin et moi, d'un voyage officiel en Israël. Deux heures de discussion libre et très complice entre un Premier ministre qui, après trente-quatre mois de fonctions n'est plus dupe de rien, et son porte-parole qui a tout vécu en direct. Je le sens las. À un moment, il me reparle de la canicule :

« Lorsque j'ai porté sur mes épaules cet impossible fardeau, les morts, la prise de conscience du retard français, la journée de solidarité, et que je me suis retourné un instant pour voir le chemin accompli, je me suis trouvé bien seul. Mes ministres n'étaient plus au même poste, les députés de la majorité étaient assommés par les corporatismes locaux et nationaux. Quant à l'opposition, elle avait enfin ressorti la tête de l'eau. Tout ça pour ça ! Et en plus, maintenant, il faut sauver le référendum sur l'Europe. »

Puis il marque un silence. Son œil pétille à nouveau :

« Premier ministre ? Un métier impossible ! »

7.

Le référendum sur l'Europe : chronique d'un gigantesque malentendu

Dimanche 29 mai 2005, 19 heures, hôtel de Cassini, siège du porte-parole du gouvernement. La déception se mêle, sur les visages, à l'incrédulité. Les estimations commencent à tomber : elles sont mauvaises, très mauvaises. 52, 53, 54 et finalement 55 % pour le non. Les rédactions et les états-majors politiques s'affolent. Les partisans du non, eux-mêmes, sont surpris.

Voilà deux semaines déjà que nous avions, les uns et les autres, bien compris que la persistance de la victoire du non dans les sondages était un signal difficile à ignorer. J'espérais cependant, au fond de moi, qu'un miracle se produirait. Car je m'étais énormément engagé pour le oui lors de cette campagne référendaire. J'avais mis en place avec mon équipe, dès janvier 2005, un dispositif d'ampleur. Nous avions envoyé plus de cent mille argumentaires à près de cinq mille parlementaires et élus locaux. J'avais participé à une trentaine de meetings et de déplacements en province, à d'innombrables débats à la radio, à la télévision ou dans la presse écrite contre tous les chefs de file du non. J'avais, en un mot, beaucoup donné de moi-même, pour ce qui finalement correspond au cœur de mes convictions : mieux organiser l'Europe pour rendre la France plus compétitive. La déception était donc à la mesure de l'échec, d'autant que je savais que cette défaite aurait des conséquences directes en termes de politique intérieure. Cela n'a d'ailleurs pas manqué de se produire : Jean-Pierre Raffarin a dû remettre sa démission au président de la République et quitter ses fonctions après trois années à la tête de notre gouvernement.

J'ai cependant regretté que beaucoup de responsables politiques, à droite comme à gauche, aient eu la tentation d'oublier ou de faire oublier, le plus vite possible, le résultat de ce référendum. Car, en fait, je pense que c'est précisément de ce résultat qu'il faut partir pour comprendre et mesurer l'ampleur des fractures que connaît aujourd'hui l'opinion publique française.

L'indispensable autopsie

Le mal est en effet profond. Et il est indispensable d'analyser nos propres erreurs avant de dire quelques mots sur nos adversaires, les partisans du non. Notre première erreur vient de très loin. Elle date du lendemain du référendum – gagné, celui-ci – de Maastricht sur l'introduction de l'euro. Avec le temps qui passe, on a toujours tendance à oublier le détail des consultations pour n'en retenir que le résultat. En septembre 1992, le oui l'avait emporté certes, mais à quelques dizaines de milliers de voix seulement : 51,04 % de oui contre 48,96 % de non. À cette époque, nous étions les uns et les autres, à gauche comme à droite, une majorité à penser que cette victoire acquise pourtant de justesse était d'abord un succès et qu'elle n'avait pas besoin d'être étudiée dans le détail. Elle portait pourtant, en germe, cette fracture majeure que j'ai ressentie tout au long de la campagne de 2005.

À Bordeaux, dans le même meeting de campagne référendaire et à quelques minutes d'intervalle, j'ai pu discuter avec un jeune architecte de 30 ans et avec une femme d'une cinquantaine d'années récemment licenciée. L'architecte avait toujours vécu dans l'Europe à cause de son éducation, de son goût des voyages et de sa maîtrise de l'anglais. Il me dit aimer la France mais ressentait dans le même temps le besoin de s'inspirer de ce qui se faisait de mieux ailleurs. Il n'avait pas peur de l'avenir. Quant à la femme, elle sortait tout juste d'une procédure de licenciement. Elle qui n'avait déjà aucune raison particulière d'avoir envie d'Europe, notamment parce que ni notre système éducatif ni notre système économique ne l'avaient incitée à bouger de là où elle était, s'en désintéressait maintenant complètement.

« Franchement, monsieur Copé, me dit-elle, l'Europe ne m'a rien apporté, sauf le chômage. Si je vote oui, vous me garantissez un emploi ? »

Je l'avoue, j'ai eu beaucoup de mal à trouver les mots pour lui répondre. Comment ne pas comprendre son désarroi et surtout comment la convaincre d'accepter l'inacceptable : voter oui à une Constitution européenne qui en aurait considérablement amélioré le fonctionnement politique – et donc l'efficacité économique – mais n'aurait pas changé son quotidien et ne lui aurait pas fourni l'emploi immédiat qu'elle attendait ?

Treize ans après Maastricht, la fracture était consommée : 55 % de Français ont considéré, en votant non au référendum, qu'ils avaient quelque chose à perdre à faire bouger les lignes. C'est sans doute cela qui explique d'abord la victoire du non. C'est la source d'un gigantesque malentendu. Nous, responsables politiques, avons dit aux Français : « Si vous voulez sauver le modèle français, il faut voter oui. » Ils nous ont répondu : « Parce que nous voulons sauver le modèle français, nous voterons non ! »

L'Europe ? Ah non, parlons d'autre chose !

Notre deuxième erreur est de ne pas avoir assez parlé d'Europe pendant toutes ces années. Et pourtant, je m'en souviens, au lendemain du référendum de 1992, les responsables politiques, quel que soit leur bord, promettaient la main sur le cœur à qui voulait les entendre que les choses ne se repasseraient plus jamais ainsi. Que l'on s'attacherait sans cesse à parler d'Europe avec les Français, qu'on ne les tiendrait plus à l'écart de cette construction qui devait se faire par et pour eux. Et puis les années ont passé. Elles ont passé si vite que de 1992 à 2005, les Français n'ont jamais plus été consultés sur les questions européennes. Des élections au Parlement européen ont bien eu lieu. Mais chacun sait que leurs enjeux sont illisibles, à tel point qu'elles conduisent toujours à une très faible mobilisation. Rien d'important, rien de mobilisateur, n'a pu véritablement progresser au plan européen avec l'adhésion des Français pendant cette période. Que ce soit aux élections européennes de 1999, désastreuses pour ma famille politique, tant les divisions étaient fortes entre les partisans de Nicolas Sarkozy et ceux de Charles Pasqua, qui avait terminé devant lui. Que ce soit à celles de 2004, où le scrutin régionalisé a totalement morcelé les votes et anesthésié tout débat.

Pendant treize ans donc, on n'a pas invité les Français à parler d'Europe. On ne les a pas associés à nos réflexions, laissant ainsi libre cours aux démagogues qui critiquent la Commission, dans l'indifférence générale. Pis encore, certains responsables politiques ont trouvé plus facile de mettre sur le dos de l'Europe des décisions inconfortables à prendre dans leurs domaines de compétences, qu'il s'agisse de la santé, de la sécurité ou des réglementations économiques et sociales, sans proposer en échange une vision politique claire sur ces sujets.

C'est d'ailleurs ce qu'il y a de plus paradoxal et de plus cruel dans ce 29 mai 2005. Pendant toutes ces années, l'Europe, elle, a bougé. Je me suis rendu compte de ce décalage complet le mardi 10 mai lors de l'enregistrement de l'émission « France Europe Express », où j'ai débattu avec Bruno Gollnisch du Front national et Jacques Nikonoff, le président d'Attac. Pendant près de deux heures, j'ai cru revivre un dialogue improbable entre Pierre Poujade et Georges Marchais, tant les conceptions défendues par ces interlocuteurs appartenaient à un autre siècle. Je sors passablement fatigué des studios de France 3 et propose à mon équipe de finir la soirée autour d'une pizza, au restaurant italien du coin. Je pensais décrocher un peu, mais je suis vite rattrapé par le sujet du jour. Au moment de payer son addition, mon voisin de table, m'ayant reconnu, m'interpelle, la jugeant trop chère :

« Monsieur Copé, depuis 1999, les prix ont explosé et mon pouvoir d'achat a diminué de 30 %. C'est la faute de l'euro ! »

Chauffé à blanc par deux heures de débat, je lui réponds du tac au tac :

« Oui, mais vous venez aussi de passer un coup de fil sur votre portable, dont les prix ont été divisés par quatre depuis 1999. Et vous allez prendre votre voiture, pour laquelle vous payez l'essence certes trop cher, mais quand même 20 % de moins que si l'euro n'existait pas. »

Derrière cette réponse, j'ai évidemment ressenti tout l'effort de pédagogie que nous aurions dû faire dès que l'euro a été mis en place. Nous n'avons pas assez montré la formidable dynamique politique que la monnaie unique a créée dans les pays qui l'utilisent, et qui partagent maintenant les mêmes intérêts et les mêmes attentes. Alors je poursuis mon voisin de mes explications. Je le sens favorable au non et je veux le convaincre. Tout y passe : la paix, l'avenir des enfants, le contrepoids face aux Américains et aux Chinois. Tout. Le type ne rigole vraiment pas. Et, plus je parle, plus je sens son non figé, sanctuarisé.

Il me reprend, glacial : « Les pays de l'Est vont vider nos usines, monsieur Copé. Et comme vous n'y pouvez rien, nous sommes foutus. »

Parce que dans cette campagne il y a eu aussi la question de l'élargissement ! Ce fut, là encore, un rendez-vous réussi avec les nouveaux pays entrants, et totalement manqué avec les Français. Nous avions une formidable opportunité de leur faire vivre ce que représentait, sur le plan historique, la perspective d'accueillir les anciens pays du bloc communiste. J'ai en tête l'anecdote d'un ami qui, rentrant de Pologne où il se rendait pour monter une entreprise dans le secteur automobile, me dit ceci : « Je suis arrivé à Varsovie et, après vingt-quatre heures, je me suis rendu compte que mon principal concurrent était... un Français. » Je l'ai vérifié depuis, la France est effectivement le premier investisseur en Pologne, et ce dynamisme de nos entreprises soutient évidemment la création d'emplois dans notre pays. Pour ne prendre qu'un exemple, depuis que Renault a ouvert des usines en République tchèque et en Roumanie, ce groupe a créé 5 000 emplois en France rien qu'en 2005. Tout cela, je l'ai dit à mon voisin de table, avec de l'énergie et des exemples concrets. Mais rien, vraiment rien n'est passé. En ne les associant pas, d'une manière ou d'une autre, au processus d'élargissement, nous avons frustré de nombreux Français qui, n'ayant pas été sollicités sur le sujet, ont eu le sentiment le 29 mai 2005 d'avoir une revanche à prendre. Du coup, pendant cette campagne, nous n'avons jamais vraiment parlé autrement de l'élargissement qu'à travers la crainte des délocalisations, réelles ou supposées – car le danger vient bien plus d'Inde ou de Chine –, ou en vivant mal cette concurrence nouvelle. Bref, nous avons payé au prix fort le fait de n'avoir pas su proposer aux Français des raisons de s'enthousiasmer pour l'Europe.

Alors, bien sûr, s'est ajouté à cela le talent de tous les démagogues réunis. L'habileté d'un Philippe de Villiers, par exemple, a reposé sur sa capacité à exploiter les inquiétudes des Français pour les inciter à voter non. J'avais été très frappé de le constater dans les débats nombreux auxquels j'ai participé avec lui, pour le magazine *Valeurs actuelles* par exemple, le 6 avril. Il arrivait à faire croire sans état d'âme que si le oui l'emportait, cela conduirait à la généralisation du mariage homosexuel, et surtout à l'invasion des plombiers polonais. L'ambassadeur de Pologne en France, à l'occasion d'un déjeuner, m'a parlé de cet épisode malheureux avec beaucoup d'humour :

« Vous voyez, monsieur le ministre, me dit-il, nous avons trouvé la bonne formule, nous avons fait une grande campagne d'information sur le tourisme en Pologne avec en affiche un plombier polonais et une infirmière polonaise pour montrer que nous étions capables de présenter les choses avec le sourire. Vous nous avez rendu un grand service, vous, les Français. Imaginez que votre de Villiers ou votre Fabius aient mis en avant, non pas la profession de plombier, mais celle de boucher, nous aurions eu plus de mal ! »

Il valait mieux prendre ce tacle avec humour, même si je peux comprendre que les Polonais aient assez mal vécu cette campagne xénophobe qui n'avait rien à voir avec l'esprit que vous voulons insuffler à l'Europe de demain.

Il m'a donc fallu beaucoup d'énergie, ainsi qu'à mes collègues, pour démonter un à un tous ces arguments qui ne reposaient sur rien d'autre que des allégations. Cette exploitation des peurs est d'ailleurs caractéristique de la fonction du démagogue dans une démocratie. Les capacités de chacun ont fait le reste et, si on y ajoute les mécontentements exprimés sur l'action gouvernementale, il y avait effectivement beaucoup d'atouts du côté des partisans du non. En résumé, c'était un peu le combat du pot de terre contre le pot de fer. Mais comprendre les raisons de cet échec ne suffit pas, il nous faut maintenant regarder devant nous et voir comment préparer l'avenir.

Préparer l'avenir, c'est commencer par lever le malentendu turc

Le premier meeting que j'ai animé pour le référendum européen s'est tenu le 8 mars 2005 à Melun, dans mon département. Je n'avais pas encore eu l'occasion de tester la réaction de nos auditoires et je me suis donc lancé ce soir-là dans un exposé à la fois très enthousiaste et très général sur les atouts et les progrès considérables que constituerait l'adoption de cette Constitution pour l'Europe et donc pour la France. La salle écoute sagement et silencieusement. Vient alors le temps des questions. Une main se lève :

« Monsieur Copé, me dit une jeune femme d'une trentaine d'années, moi je voterai non à la Constitution parce que je veux dire non à la Turquie. Il n'est pas question que les Turcs débarquent chez nous. Et j'ai entendu de Villiers dire que si le non l'emportait, l'ouverture des négociations avec la Turquie n'aurait pas lieu et je trouve qu'il y a bien assez de musulmans comme ça en Europe. Il faut dire stop ! »

Si je n'avais reçu que des applaudissements polis, ce ne fut pas le cas de cette jeune femme qui, à peine sa phrase terminée, eut la voix couverte par un tonnerre d'approbation. Il faut dire que sur ce sujet aussi de Villiers avait fait très fort. En agitant la peur panique de l'invasion ottomane il avait créé, en particulier chez les électeurs de droite, un traumatisme lourd.

Reconstruire une dynamique européenne, dans l'esprit des Français, commencera par l'exigence de lever un certain nombre de malentendus, et d'abord celui de la Turquie. Maintenant que les échéances électorales sont passées, on peut évoquer les choses très simplement en rappelant que la France ne s'est jamais engagée à faire rentrer la Turquie dans l'Europe, mais qu'elle a seulement accepté, comme les autres partenaires, d'ouvrir des discussions. Et surtout, sur le fond, ce sont bien les Français qui trancheront la question par référendum, quand elle se posera, c'est-à-dire dans dix à quinze ans. Ce principe est écrit noir sur blanc dans la Constitution. Leur choix sera le bon. Et qu'on ne me dise pas qu'il ne sera pas possible de revenir en arrière, parce que nous serions allés trop loin ou parce que la Turquie aurait fait trop d'efforts. Les Français ont montré un certain 29 mai 2005, alors que tout militait pour adopter cette Constitution, qu'ils savaient dire non. Je n'ai aucune raison de penser que, d'ici à dix ans ou plus, si les circonstances l'exigent et que les Français ne le veulent pas, la Turquie rentrera dans l'Europe. Il faut donc évidemment lever d'urgence ce malentendu pour qu'il cesse de paralyser tous les débats. Quant à moi, je le reconnais, je suis bien hésitant sur ce sujet. Les arguments hostiles à l'entrée de la Turquie me sautent aux yeux comme, je le crois, à ceux de millions de Français. Mais j'ai quand même envie d'attendre pour voir : dix et même quinze ans, est-ce assez long pour transformer un pays ?

Faute de Constitution, allons à l'Europe concrète : l'université et la recherche

On a eu trop tendance, depuis quinze ans, à faire passer les problèmes institutionnels avant les réponses concrètes à donner aux citoyens. Le 29 mai 2005 a été une illustration parfaite de ce processus. Là où nous parlions de l'architecture de l'Europe pour les dix prochaines années, beaucoup de Français nous interrogeaient sur ce que l'Europe leur apporterait demain. N'oublions pas que les pères fondateurs de l'Europe avaient précisément choisi un angle très concret, le charbon et l'acier, pour lancer la construction européenne. La méthode qui a abouti aux Airbus, Ariane, Erasmus ou Galileo doit revenir sur le devant de la scène : il faut retrouver le chemin d'une Europe des projets. La crise que vit actuellement l'Europe peut ouvrir la voie à de nouvelles idées, à de nouvelles réalisations plus marquantes pour les Français et pour tous les peuples européens.

Je ne suis pas favorable pour cela à la création d'un impôt européen, qui risquerait de cristalliser encore davantage les ressentiments nationaux à l'égard de la construction européenne. Mais pourquoi ne pas affecter une fraction de l'impôt sur les sociétés (la contribution spéciale sur les bénéfices par exemple) à un fonds qui financerait de grands projets européens ? Chaque pays qui le souhaiterait participerait ainsi au financement de projets que la France ne peut réaliser seule, et qui sont de vrais investissements d'avenir.

En tout état de cause, ce qui importe, c'est que chaque Français puisse mesurer physiquement l'impact de l'Europe. À cet égard, l'enseignement supérieur est un sujet pour lequel l'échelle européenne est pertinente. À l'automne 2005, dans l'avion qui m'emmène vers les États-Unis, j'ouvre le *Financial Times*. L'un des gros titres concerne le classement mondial des universités, qu'on appelle aussi le classement de Shanghai. Je survole des yeux les colonnes, à la recherche des universités françaises. Les noms défilent... et ce n'est qu'à la 65e place que je trouve la première université française, en l'occurrence Paris VI. Paris XI est 72e, Normale sup, 151e. Parti outre-Atlantique pour y faire la promotion de la France, notamment auprès des étudiants français de Harvard et du Massachusetts Institute of Technology (MIT), j'avoue avoir été un peu déstabilisé. Mais en visitant les campus de ces deux universités, le retard français et même européen sautait aux yeux. Les équipements, les locaux, les conditions de travail de ces étudiants ne pouvaient que faire rêver n'importe quel étudiant français.

Comment passer concrètement de nos facs traditionnelles à de véritables campus au rayonnement international ? On a la chance d'avoir aujourd'hui des cursus universitaires totalement harmonisés au niveau européen : l'année universitaire se divise partout en deux semestres, et les anciennes unités de valeur (UV) sont remplacées par des crédits reconnus dans toute la Communauté. On pourrait donc créer dans les universités de vrais cursus européens, comme cela existe par exemple à HEC ou l'ESCP-EAP : licences européennes, masters européens et doctorats européens, où les étudiants passeraient par exemple un tiers de leur temps d'enseignement en France, un tiers en Allemagne et un tiers en Espagne ou en Angleterre. Les universités qui joueraient le jeu seraient regroupées sous un label « campus européen ». Elles pourraient, grâce aux dotations reçues de l'Europe, attirer les meilleurs professeurs, mais aussi disposer de bibliothèques, de matériel informatique et de laboratoires dignes des universités américaines de renom. On ne serait plus diplômé de droit de Paris II, mais par exemple de l'université européenne de droit Paris-Oxford-Berlin. Aux yeux du monde, ces trois universités ne formeraient plus qu'un seul pôle juridique européen, avec une seule et même promotion d'étudiants. Parions que rapidement la notoriété de ces pôles européens se traduirait dans les classements internationaux publiés chaque année. De la même façon, on pourrait imaginer parallèlement la création d'un réseau européen de grandes écoles, un peu à l'image du collège de Bruges qui forme les fonctionnaires européens. À côté de cette ENA européenne, qui recrute par concours à travers toute l'Europe, une Polytechnique européenne pour les meilleurs ingénieurs, une grande Business School européenne, etc., seraient créées dans les différents pays participant au programme. Elles seraient à terme le reflet d'une certaine excellence européenne.

Deuxième sujet européen et très concret auquel je pense : la recherche. Face aux étudiants français du MIT, j'avoue m'être trouvé un peu à court d'arguments devant la question d'un jeune chercheur français :

« Monsieur Copé, vous me dites que la France bouge, qu'on y est très bien. OK. Moi, j'ai fait un doctorat en France. Et puis, je suis venu aux États-Unis, et ce que j'ai trouvé ici, aucun laboratoire, aucune unité de recherche en France ou même en Europe n'est capable de me le proposer. Ici, je publie des articles, je travaille dans un laboratoire où on ne se demande pas chaque semaine si on a les moyens financiers nécessaires pour poursuivre telle ou telle expérience, et je sais qu'au final mon salaire sera trois fois celui que je pourrais espérer en France. Qu'avez-vous à répondre à cela ? »

La réponse, au fond, passe par ce que seule l'Europe peut nous apporter : une envergure, une échelle suffisante pour donner à nos chercheurs ce qu'ils trouvent aux États-Unis. Aujourd'hui la recherche européenne souffre d'être morcelée, trop peu visible et donc peu reconnue au plan international. Un exemple pour bien le comprendre, les deux principales revues scientifiques qui font autorité dans le monde sont américaines : *Science* et *Nature*. Or la réputation mondiale des universités, des centres de recherche et des laboratoires se fonde sur le nombre de publications dans ces deux grandes revues scientifiques. Il est donc urgent de mettre en commun nos moyens pour créer une vraie recherche européenne.

Le pilier pourrait en être la création d'une agence européenne de recherche, sur le modèle de l'ANR (Agence nationale sur la recherche) qui vient de voir le jour en France. Actuellement, ce projet n'en est qu'à ses balbutiements et il n'existe qu'un Conseil européen de la recherche, sans autonomie ni budget propre. Cette agence européenne aurait trois missions :

— financer des projets de recherche après une mise en concurrence et une sélection. La condition *sine qua non* pour se porter candidat serait que les équipes travaillent sur le sol européen ;

— créer et attribuer chaque année un prix sur le modèle du prix Nobel, dont le montant serait toutefois beaucoup plus élevé. Ce prix ne couronnerait pas une carrière mais viendrait donner une impulsion forte à un projet scientifique conçu en Europe ;

— publier une revue scientifique de haut niveau ouvrant ses colonnes aux chercheurs européens, afin d'apporter à leurs travaux une audience et une reconnaissance mondiales.

Voilà de quoi offrir un contenu concret à l'Europe. Les Français doivent se réconcilier avec la construction européenne. Nous avons tous à gagner d'une Europe de la connaissance, du savoir et de la recherche, qui créera la croissance et les emplois de demain. Formons alors le vœu que ce défi à relever pour nos jeunes et pour l'avenir donne à nos compatriotes des raisons d'avoir enfin pour l'Europe un peu plus d'affection.

Car il ne faut pas s'y tromper : tous les grands enjeux de demain se joueront à l'échelle européenne. Le vieillissement démographique, la montée globale des risques (terroristes, climatiques, sanitaires) et la concurrence des pays émergents sont autant de défis qui nous concernent comme Français, mais bien plus encore comme Européens.

8.

Mauvais automne pour les banlieues

« Maman, quand est-ce qu'on rentre dans mon pays ? »

Je voudrais commencer ce chapitre par une vieille histoire pas très drôle. Cela se passait à Meaux en mai 1997. Il y a presque neuf ans de cela. Nous étions en pleine campagne législative. J'avais 33 ans. J'étais élu maire depuis peu et j'avançais alors avec beaucoup plus de certitudes que d'interrogations. Faisant campagne dans l'un des quartiers difficiles de la ville, en plein Beauval, je suis accosté par une mère de famille française d'origine algérienne, que j'avais eu l'occasion de rencontrer déjà à plusieurs reprises, accompagnée par son fils de 10 ans.

« Ah, monsieur le maire, me dit-elle, je suis contente de vous voir. J'ai un P-V à faire sauter ! »

Soucieux d'éponger les dettes de la municipalité et peu enclin à ce genre de facilités, je bougonne un peu. Mais nous étions en campagne électorale... C'est un moment où les hommes politiques, quel que soit leur niveau d'engagement national ou local, peuvent avoir certaines faiblesses.

« Je vais regarder ça, lui dis-je. S'il n'est pas justifié, je demanderai au commissaire de police ce qu'il peut faire. Mais sinon, tant pis, vous le paierez.

— OK », dit-elle en souriant. Puis elle se tourne vers son fils : « Regarde, c'est le maire, profites-en, demande-lui quelque chose. »

Et à ce moment-là, je voulus faire le malin et donner à ce garçon une leçon d'instruction civique.

« Ah non, lui dis-je, tu ne dois pas te demander ce que ton pays peut faire pour toi, tu dois te demander ce que tu peux faire pour ton pays. »

Je me sentais très fier de moi. La ficelle Kennedy était évidemment un peu grosse, mais j'étais, à ce moment précis, persuadé de mener tout droit ce jeune garçon vers le chemin de la République. Alors il se tourne vers sa mère et lui dit :

« Maman, quand est-ce qu'on rentre dans mon pays ? »

Neuf ans après, cette histoire reste encore très présente dans mon esprit. Elle m'avait tellement marqué que je l'avais racontée dans un précédent livre[1]. Et ça n'a pas vieilli ! Je n'ai jamais cessé depuis de me demander ce que ses parents avaient dit à cet enfant pour lui faire croire que son pays n'était pas la France alors qu'il y était né et qu'il n'en avait certainement jamais vu d'autres. Oui, cette histoire ne me quitte jamais. Elle m'aide parfois à mieux comprendre. Je ne dis pas à comprendre, je dis à *mieux* comprendre.

---

1. *Ce que je n'ai pas appris à l'ENA, op. cit.*

Car celui qui prétend connaître la banlieue trompe son interlocuteur ou se trompe lui-même. La réalité de nos banlieues françaises est si complexe, si insaisissable, si mouvante. Ces quartiers sensibles, ainsi qu'on les appelle, ont des points communs entre eux. Mais chaque quartier est unique. Tout n'y est pas source d'échec, la vie n'y est pas sans cesse en noir. Toutefois il faut admettre que la République se trompe quand elle croit tenir ces quartiers. En vérité elle ne les tient jamais complètement, malgré la présence des écoles, des salles de sport, des commissariats.

Meaux, comme d'autres villes de France, compte, je l'ai mentionné, des quartiers difficiles sur la moitié de son territoire. Autant dire que depuis plus de dix ans je vis tout cela à fond, avec passion. Moi qui avais été élevé par mes professeurs au culte de l'État et de l'ENA infaillibles, j'ai compris avec le temps, année après année, combien dans ces quartiers l'État peinait à garder sa place et son rang. Et j'en ai retiré – parmi d'autres – une leçon essentielle : on ne sait jamais ce qui peut se passer dans un quartier ou dans une cité de banlieue quand une mèche est allumée.

La mèche s'allume

Ainsi, lorsque j'apprends par la radio le 27 octobre 2005 que deux jeunes sont tragiquement morts électrocutés à Clichy-sous-Bois parce qu'ils pensaient être poursuivis par la police, je m'inquiète car je sais que dans ces cas-là le rituel est toujours le même. Et, pour tout dire, l'attention que je prête alors à cette affaire est beaucoup plus celle d'un maire, hélas habitué à ce genre d'épreuves, que celle d'un membre du gouvernement. Je pense qu'à ce même moment tous les maires qui doivent administrer des quartiers difficiles ont eu la même réaction que moi. Ce genre de drame peut déboucher au mieux sur une marche silencieuse de la population du quartier, au pire sur des bagarres parfois très violentes.

Cette fois, chacun s'en souvient, ce fut la bagarre. Les nuits des 27, 28, 29 et 30 octobre fournissent leur lot d'images télévisées toutes plus fortes les unes que les autres. Le feu, celui qui fascine et qui terrorise, est omniprésent. Depuis toujours, c'est l'arme des émeutiers. Les banlieues de France, comme n'importe quelles banlieues du monde, en ont offert le triste spectacle. Les voitures qui brûlent, les bâtiments publics en flammes, les magasins détruits font partie du processus habituel. S'y sont ajoutées ces images qui ont affolé la France, diffusées dans tous les journaux télévisés, d'affrontements très violents avec les forces de l'ordre et en particulier les CRS. Dans ces moments-là, l'effet de contagion n'est dû ni à l'appel à la mobilisation générale passé par je ne sais quel inspirateur imaginaire, ni à la menace fondamentaliste comme certains se le figuraient. C'est plus simplement le choc des images télévisées qui, d'une cité à l'autre, donne envie de faire pareil... ou pire ! Ainsi, le 31 octobre puis le 1er novembre, des scènes d'une violence inouïe s'étendent à quatre départements de la région Île-de-France. Après la Seine-Saint-Denis d'où étaient parties les émeutes avec Clichy-sous-Bois, les exactions se propagent dans les Yvelines, le Val-d'Oise et la Seine-et-Marne où, une à une, chacune des cités particulièrement sensibles s'embrase.

Durant toute cette première séquence du week-end de la Toussaint, Nicolas Sarkozy apparaît seul. C'est d'ailleurs assez logique : une succession de violences et d'émeutes appelle des opérations de maintien de l'ordre et l'intervention précise des forces de police et de gendarmerie mobile. C'est le travail du ministère de l'Intérieur. Il est donc seul, en images, durant cette fin du mois d'octobre, aux côtés des forces de l'ordre.

D'abord, le retour à l'ordre : quelques tableaux d'ambiance

Le Premier ministre va entrer en scène le mercredi 2 novembre au matin. La tension est montée de plusieurs crans durant les derniers jours, avec en particulier ce drame d'un passant prenant des photos dans un quartier « interdit » et battu à mort devant sa femme et sa fille. Dominique de Villepin a reçu la veille la famille des jeunes électrocutés et la réunion du groupe des députés UMP à l'Assemblée nationale ne se passe pas bien. Plusieurs députés proches de Nicolas Sarkozy invectivent le Premier ministre, lui reprochant de ne pas assez soutenir son ministre de l'Intérieur dans la polémique qui est en train de naître sur l'utilisation des mots « racaille » et « Kärcher ». Ce matin-là Villepin s'indigne et s'énerve, renvoyant dans leurs buts les députés agressifs. À peine sorti de cette réunion, il me confie qu'il regrette cet énervement inutile alors que les Français sont inquiets. Il sait qu'il faut alors créer toutes les conditions de l'union sacrée et du sang-froid. Il retrouve son ministre de l'Intérieur dès le lendemain et à compter du jeudi 3 novembre le tandem Villepin-Sarkozy va très bien fonctionner. Il est grand temps. Le 3 novembre, on compte 600 véhicules brûlés dont 27 bus à Trappes. Le 4 novembre, ce sont 900 voitures incendiées. Le 5 novembre, on monte à 1 295 véhicules brûlés pour atteindre le 6 novembre – point culminant – 1 408 voitures calcinées, avec pour la première fois l'extension en province et notamment à Toulouse. Nous sommes au onzième jour d'émeutes.

Il faut imaginer ce qu'a pu être l'ambiance dans l'état-major gouvernemental durant ces interminables journées. Parce que, en temps normal, les journées passent très vite, les semaines défilent les unes après les autres sans parfois que l'on ait même conscience du temps qui passe tant il galope. En revanche, lorsque l'on doit affronter des semaines de grève ou, pis, d'émeutes, comme dans le cas présent, les journées sont interminables. Chacune d'entre elles est vécue heure par heure et crée une pression psychologique considérable sur les décideurs. On peut donc se figurer l'atmosphère régnant dans les centres opérationnels du pouvoir après onze ou douze jours d'émeutes et de violences ininterrompues. À l'Élysée, bien sûr, mais aussi à Matignon où le bureau du Premier ministre était devenu un centre névralgique de suivi de la crise, comme évidemment place Beauvau dans le bureau du ministre de l'Intérieur.

Villepin tenait une à deux réunions de Ministres par jour pour faire le point sur la situation et la mobilisation des moyens de sécurité. Ainsi nous retrouvions-nous régulièrement, autour du Premier ministre, avec Nicolas Sarkozy, Jean-Louis Borloo et Thierry Breton. Je dois dire que nous avons vécu cette période comme un vrai moment de cohésion et de solidarité. Il n'y avait de place ni pour l'humour ni pour la détente. Seuls prévalaient le compte rendu objectif des événements où chacun s'efforçait d'être le plus précis possible et, surtout, la prise de décisions. Jamais je n'ai entendu l'expression d'un état d'âme, d'un ras-le-bol ou de lassitude. La gravité était sans doute le mot qui résumait le mieux l'esprit ambiant.

Je me souviens en particulier du week-end décisif des 5 et 6 novembre. La tension était à son comble. Le samedi 5 novembre à 10 heures, Dominique de Villepin nous réunit. Nicolas Sarkozy prend la parole en premier pour rappeler le bilan de la nuit :

« Neuf cents véhicules incendiés dans toute la France et des bâtiments publics attaqués, deux cent cinquante interpellations. Et sur les effectifs, poursuit-il, nous allons monter à un niveau de mobilisation majeure puisque nous allons approcher les dix mille CRS, gendarmes mobiles et policiers nationaux sur l'ensemble des terrains d'intervention. »

Il souligne alors avec force détails les techniques d'intervention courageuses de nos CRS qui veillent systématiquement à éviter les fameuses bavures qui ont été, durant toute cette période, notre hantise. Il évoque, en particulier, le sang-froid exceptionnel du préfet Lambert, patron des CRS, et ancien « tombeur » de l'assassin du préfet Érignac en Corse.

« J'ajoute, dit le ministre de l'Intérieur, que nous avons expérimenté pour la première fois la technique des interpellations par la police et des comparutions immédiates sur décision des procureurs, qui ont un effet très significatif sur les émeutiers comme sur la population. »

Sarkozy mentionne enfin, ce que beaucoup d'entre nous avions pu observer sur nos terrains respectifs, la présence de jeunes particulièrement violents, originaires d'Afrique subsaharienne (du Mali en particulier), que nos forces de l'ordre avaient les plus grandes difficultés à maîtriser.

Lors de cette réunion du 5 novembre, je suis frappé notamment par le fait que l'heure n'est plus à voir les choses autrement qu'à travers la priorité absolue du rétablissement de la sécurité. Ainsi Jean-Louis Borloo, qui est parfaitement dans son rôle en rappelant la nécessité de la main tendue pour ne pas stigmatiser l'ensemble de la population vivant dans les banlieues, est plutôt sur la réserve. Chacun comprend bien que l'heure ne peut être qu'au rétablissement de la sécurité tant l'opinion publique est crispée et attend, évidemment, d'abord la fermeté.

Dominique de Villepin poursuit le tour de table, encourageant Thierry Breton à réunir les assureurs pour qu'ils fassent un geste sur les franchises pour les voitures brûlées. La réunion du 5 novembre touche à sa fin. Villepin la conclut alors :

« Il faut mettre maintenant vraiment l'accent sur le rétablissement de la sécurité. En termes de message et d'action, c'est le préalable à tout le reste. Mais faisons attention aussi à éviter les amalgames. Dès que l'on sentira la tension retomber, il faudra commencer, d'une manière ou d'une autre, à tendre la main. Mais pas avant. »

Le contenu de cette réunion était clair. L'ambiance était au « ça suffit maintenant ».

J'ai retrouvé cette même atmosphère durant la réunion qui s'est tenue le dimanche soir 6 novembre autour du président de la République. La presse, l'opposition et même certaines personnalités de la majorité ont beaucoup glosé sur son silence. Je ne suis pas, sur ce point au moins, dans le secret des dieux, mais je peux témoigner que c'est lui qui a donné le coup d'envoi de la réponse globale, avec comme feuille de route le rétablissement de l'ordre.

La France en état d'urgence

Le lundi 7 novembre est le jour décisif, celui où tout a basculé. Le Premier ministre doit parler le soir au journal télévisé de TF1. Il me demande de le rejoindre vers 10 heures dans son bureau pour travailler, comme nous le faisons régulièrement, les messages à dérouler. Je sortais moi-même d'une interview matinale sur France Inter où j'avais essayé d'expliquer que l'on ne pouvait pas réduire l'action publique en banlieue à ces émeutes. Qu'il y avait de nombreux projets positifs de restructuration urbaine, de rétablissement de la sécurité, d'accompagnement parental, de soutien scolaire, de réussites individuelles qui ne devaient pas être anéantis par l'image des voitures brûlées. J'étais plutôt bien placé pour en donner l'illustration à travers ce que nous vivions à Meaux.

Pour préparer le 20-heures de TF1, se retrouvent autour de Dominique de Villepin Bruno Le Maire, son conseiller, et Pierre Mongin, son directeur de cabinet. Ces deux-là sont indispensables à leur patron, chacun dans son rôle : finesse, acuité de regard et vivacité d'esprit pour Bruno Le Maire ; rigueur, solidité et professionnalisme à toute épreuve pour Pierre Mongin. Le training commence : moi dans le rôle de Patrick Poivre d'Arvor posant les questions dures et Villepin en position de combat. Dès qu'il commence à répondre, je comprends qu'il va réussir l'émission. Je le vois déterminé, clair, construisant parfaitement bien son propos et retrouvant les formules élaborées tout au long du week-end. La démarche est lisible. Premièrement, le préalable, c'est le rétablissement de la sécurité publique, rien n'est possible sans le retour de l'autorité de l'État. Deuxièmement, je n'accepte pas l'amalgame entre ceux qui commettent ces actes et la totalité des habitants de ces quartiers. Troisièmement, je veux créer pour demain les conditions de l'égalité des chances afin de redonner de l'espoir à celles et ceux qui aujourd'hui se sentent blessés par les discriminations du racisme ordinaire.

Dans le propos préparatoire du matin, il n'est pas question d'évoquer l'état d'urgence. C'est quelques minutes après seulement que Pierre Mongin m'indique que le Premier ministre travaille très sérieusement avec le président de la République au rétablissement d'une certaine loi datant de 1955 permettant un menu d'option idéal pour donner à l'État les moyens de rétablir, dans les meilleures conditions possibles, la sécurité dans les quartiers.

Le soir, Villepin est magistral. En vingt-cinq minutes, il déroule parfaitement son message devant treize millions de Français. Dès le lendemain, on sent que s'amorce la décrue de façon progressive. Au groupe UMP, les députés l'ovationnent tandis que je me trouve au point de presse de sortie du Conseil des ministres pour annoncer officiellement que le président de la République et le gouvernement ont décidé l'application de la loi de 1955 avec notamment l'état d'urgence. Je l'avoue, en entrant jeune secrétaire d'État au gouvernement il y a près de trois ans et demi, jamais je n'aurais imaginé devoir, en tant que porte-parole du gouvernement, annoncer en 2005 la mise en œuvre d'une telle disposition pour notre pays. En l'évoquant devant des journalistes beaucoup plus nombreux qu'à l'ordinaire dans la salle de presse de l'Élysée, j'avais veillé à peser chaque mot, à ne montrer aucune émotion. Seul devait compter dans ce temps précis le message de fermeté absolue face à ces actes inacceptables.

Très vite, l'annonce de la décision a produit son effet, créant une forte impression dans les quartiers, bien sûr, mais aussi chez l'ensemble des Français. La presse s'en fit l'écho en rappelant que cette loi n'avait pas été mise en œuvre depuis la guerre d'Algérie. La situation que nous connaissions, en cet automne 2005, n'avait strictement rien à voir naturellement avec la période si douloureuse et si longue de la guerre d'Algérie. Elle n'avait pas grand-chose à voir non plus avec la crise de mai 1968. Le seul point commun avec cette période, c'était la durée de la crise. Pour le reste je voyais bien les différences. En mai 1968, il y avait des millions de grévistes, une France totalement paralysée, une situation que l'exécutif de l'époque avait un mal fou à maîtriser tant les ressorts étaient nombreux, aussi bien du côté des étudiants que du côté des ouvriers en grève. Il y avait alors, en outre, un fondement idéologique majeur autour des grands événements qui secouaient le monde à la fin des années 1960 : le Vietnam, Mao, la puissance du bloc de l'Est, etc. Rien de cela évidemment à l'automne 2005. Nous n'avions pas, face à la crise des banlieues, le sentiment que le sol se dérobait sous nos pieds. Il n'y avait rien de nouveau dans ces incendies et ces émeutes si ce n'est l'importance de l'échelle de ces mouvements. Ce n'était pas un, deux ou trois quartiers d'un même département qui flambaient, c'était dans de nombreux quartiers de France que se produisaient ces violences.

Le 10 novembre au soir, Nicolas Sarkozy prend le relais à la télévision. Sur France 2, il est excellent et combatif. Chacun comprend que le gouvernement a maintenant la situation mieux en main.

Le 12 novembre, c'est un dernier baroud d'honneur qui, dans plusieurs villes, Lyon notamment, conduit encore les émeutiers à multiplier les exactions. Mais l'ambiance n'est plus la même dans les quartiers. Au-delà même des forces de l'ordre, ce sont les médiateurs de quartier et surtout les parents qui ont décidé de reprendre, eux aussi, leur place. Il n'y a ce soir-là « que » 374 voitures brûlées.

Le 14 novembre au soir, le président de la République s'exprime longuement à la télévision. Il martèle deux messages. Le premier tire naturellement la leçon de tout ce que nous venons de vivre en soulignant les failles majeures de notre politique d'intégration. Le second annonce le lancement du service civil facultatif pour les jeunes hommes et les jeunes filles de France.

Messages à destination de l'étranger

Quelques heures plus tôt, je m'étais adressé à la presse internationale.

Dans les médias étrangers, les images qui passaient en boucle et les commentaires qui les accompagnaient étaient accablants. « *France in fire* », « Les Chinois chassés de France », « Émeutes raciales en France », « Intifada » : tout y passait, sur fond de carte de France ou de tour Eiffel en feu ! Et tout cela précisément au moment où notre gouvernement mettait en œuvre des mesures majeures pour renforcer l'attractivité du pays.

Ce traitement réservé à la France commençait sérieusement à m'agacer. Évidemment la situation dans les banlieues était grave. Mais à entendre les médias étrangers, on pouvait croire qu'il était aussi dangereux d'être à Paris qu'à Bagdad. Si bien que, très vite, les nouvelles se précipitent : les touristes américains seraient en train d'annuler leurs vacances de Noël à Paris, la crise risquerait de peser sur la croissance... Je fais part au Premier ministre de la gravité de ces répercussions et j'obtiens son feu vert pour organiser une conférence de presse à destination des médias étrangers, afin de faire le point sur la situation et de répondre à leurs questions. Impératif absolu : ne pas donner de leçons et ne pas froisser les susceptibilités. Je décide donc de faire cette conférence en terrain neutre, dans des locaux du Centre d'accueil de la presse étrangère, à la Maison de la Radio plutôt qu'à Bercy. Et je prépare un discours qui soit le plus informatif et le plus explicatif possible.

Des conférences de presse, je commence à en avoir fait quelques-unes. Et souvent en pleine crise, dans des circonstances difficiles, où les questions des journalistes ne sont pas tendres. Mais je dois dire que jamais je n'ai reçu un accueil aussi glacial qu'en arrivant dans cette salle de la Maison de la Radio. Je fais mon speech, aussi sobrement que je peux. Je m'autorise simplement, en guise d'introduction, à dire combien j'ai été étonné de lire ou de voir des comptes rendus de la crise très éloignés de ce que nous avons pu vivre en France.

Dès la fin de mon allocution, les questions des journalistes étrangers fusent, sans concession : « Monsieur Copé, cette crise ne signe-t-elle pas la faillite du modèle d'intégration à la française ? » ; « Monsieur Copé, pourquoi nier qu'il s'agit de problèmes ethniques et religieux ? » ; « En mettant en cause nos reportages, n'êtes-vous pas en train d'appeler au retour de la censure ? »...

Je tente vaillamment de répondre à tout cela avec nuance. Mais je sens bien que le fossé entre eux et moi est bien trop important pour être comblé cette fois-ci. J'en repars avec le sentiment d'avoir fait ce que je pouvais, mais sans avoir forcément convaincu autant que je l'aurais voulu. Et avec une certitude : il faudra renouveler l'exercice, si on veut lever les malentendus et faire en sorte que le regard que le monde porte sur nous change un tant soit peu.

Le 17 novembre, vingt-deux jours se sont écoulés depuis la mort des adolescents de Clichy-sous-Bois : « Retour à une situation normale dans toute la France », annonce dans un communiqué Michel Gaudin, directeur général de la Police nationale.

La banlieue : pour s'en sortir, il faut en sortir

Au lendemain de cet épisode douloureux et inédit, le pire serait de tourner la page, de jeter un voile pudique pour oublier au plus vite ce qui vient de se passer. Car s'il apparaît clairement aujourd'hui qu'il n'y avait derrière ces émeutes ni agitation politique, ni influence islamiste, il n'en reste pas moins que l'heure est à la lucidité et à la décision pour l'avenir.

La lucidité, c'est d'abord de chercher à caractériser ce qu'est aujourd'hui la vie dans nos banlieues françaises. Un mot peut-être pour l'illustrer : la détresse. Une grande, une immense détresse. Un sentiment d'étouffoir. Ce qui caractérise la vie dans une cité, c'est que chacun sait lorsqu'il y habite que l'avenir n'est jamais sur place, que pour s'en sortir, il faut en sortir. Et pour en sortir, pour réussir sa vie, commence dès l'enfance le parcours d'obstacles. Car vu des yeux d'un enfant, ou d'un adolescent, ça se passe comme dans les jeux vidéo : le poids des méchants est bien supérieur à celui des gentils. Les dangers sont multiformes, évolutifs et bien plus efficaces, hélas, que beaucoup des contre-feux qu'a cru pouvoir y mettre la République.

Ça commence par la taille de l'appartement. L'appartement, qui comporte trois, quatre, voire cinq pièces, est presque toujours trop petit pour contenir toute une famille qui la plupart du temps est d'origine immigrée et compte quatre, cinq, six enfants, voire plus si la famille est polygame. Parce que l'appartement est trop petit, on est obligé de laisser les enfants dehors le plus tard possible. La coursive de la barre ou de la tour, le hall de l'immeuble, puis l'esplanade qui relie les tours et les barres entre elles, tel est le lieu de vie de toute une génération de jeunes Français.

Le deuxième danger, c'est le désœuvrement, le temps à tuer, ces heures interminables qui commencent à partir de la sortie de l'école et qui durent jusqu'à la fin de la soirée, voire au milieu de la nuit. Ces heures qui conduisent à livrer à eux-mêmes des jeunes collégiens ou lycéens et qui sont propices à toutes les rencontres, alors que les parents sont rarement sur place. C'est ce que j'avais appelé, pendant ma campagne pour les élections régionales en 2004, les « orphelins de 16 h 30 ». Avec ce paradoxe incroyable : d'un côté des jeunes souvent désœuvrés et de l'autre des lieux publics, en particulier des bâtiments scolaires, qui ferment assez vite après la dernière heure de cours. Les proies sont innombrables, les tentations multiples. Après 16 h 30, dans la cité s'applique souvent la loi du plus fort. Le caïdat, les rites initiatiques ont toujours existé. Le livre de Louis Pergaud, *La Guerre des boutons*, écrit en 1912, raconte cela très bien dans un univers bien différent de celui des cités. C'est l'influence des grands sur les petits, des garçons sur les filles. Ainsi, les premiers incendies de voitures sont souvent le fait des plus petits, comme une sorte de « dépucelage » pour épater les grands. Ce sont souvent, hélas, des enfants de 10, 11, 12 ans qui lancent les premiers cocktails Molotov pour ainsi accomplir le rite.

C'est là une clé majeure pour mieux comprendre : parce que dans les cités on ne voit pas bien ce que représente l'avenir, on ne voit pas non plus le danger. On ne mesure pas toujours clairement que l'on commet une faute puisqu'elle est, dans les faits, peu sanctionnée. Et dans beaucoup d'esprits, tout se mélange. On passe insensiblement du vol *dans* un véhicule au vol *de* véhicule. Pas de frontière non plus entre l'injure verbale et l'agression physique. Celui qui fauche dans un magasin et que l'on retrouve six mois après comme dealer de drogue dans le même quartier considère cela comme un parcours initiatique classique.

Voilà pourquoi, quoi qu'il arrive, la lutte obstinée contre cette délinquance doit demeurer une priorité absolue. Les progrès réalisés dans les méthodes d'action depuis trois ans sont considérables : coordination mairie-police-parquet-Éducation nationale, développement de la vidéosurveillance, dispositifs spécifiques sur les récidivistes, construction de centres éducatifs fermés pour mineurs délinquants, tout cela a produit des résultats vraiment importants. Les chiffres l'ont montré. Mais, je veux en porter témoignage, rien en matière de sécurité n'est jamais définitivement acquis. Il y a des jours où l'on perd et des jours où l'on gagne. Il faut y revenir sans cesse. D'une rue à l'autre, d'un immeuble à l'autre, d'une bande à l'autre. Ne jamais reculer, ni lâcher prise. Car alors, dans le quartier, cela se voit et cela se sait.

Oui, tout se mélange. La violence et le sentiment d'impunité. Le complexe réel et terrible de traîner comme un handicap son prénom, sa couleur de peau, ou même seulement son adresse dans une cité sensible, et l'impression que l'on n'a pas d'avenir. On n'a pas d'avenir, donc on piétine les règles. Pour un enfant ordinaire grandissant dans un quartier ordinaire, le principal lieu de vie, c'est l'école. Le temps visible, et donc l'avenir, c'est l'année scolaire – de septembre à juin –, rythmée par les vacances et les bulletins trimestriels. Pour beaucoup d'enfants de nos cités, le temps visible est bien plus bref que l'année scolaire parce que l'école n'est qu'un repère parmi d'autres. Les heures consacrées aux jeux vidéo mais aussi à fumer, à traîner, à créer sans cesse des petits rapports de force, tout cela a parfois des effets bien plus nocifs sur des enfants mal ou peu encadrés que sur des enfants qui ont la chance de bénéficier après le temps scolaire de structures d'encadrement, notamment par les parents, mais aussi par les municipalités. D'ailleurs, il ne faut pas s'y tromper, dans les cités comme dans le reste du pays, les structures sont très nombreuses pour accueillir les jeunes : le sport, le soutien scolaire... Les activités éducatives après l'école sont multiples lorsque les municipalités sont dynamiques, ce qui est le cas maintenant un peu partout en France. Reste que cela ne suffit pas toujours, loin s'en faut, à éviter à un jeune d'être totalement désocialisé dans des cités où il est l'objet, je le répète, de quantité de tentations.

J'en viens d'ailleurs au dernier danger, sans doute le plus pernicieux : l'importance de l'argent. Un médiateur salarié de l'office HLM de Meaux m'a décrit un jour le processus. Entre 13 et 17 ans, avant de trouver un travail stable, il avait fait beaucoup de bêtises. Puis il m'avait un jour rencontré pour me dire qu'il voulait se calmer, trouver un emploi et construire sa vie. Il était tombé amoureux, il était devenu père de famille et il avait envie de s'en sortir. Comme il était respecté dans le quartier, j'avais décidé de lui faire confiance, comme à quelques autres de ses copains. L'expérience avait bien marché pour lui. Moins bien pour d'autres. Un jour que je l'interrogeais sur sa vision du quartier et de l'évolution des choses, il m'avait parlé très clairement :

« Vous savez, monsieur le maire, dans le quartier il y a beaucoup d'argent. C'est pour cela qu'il n'y a pas beaucoup de misère même s'il n'y a pas beaucoup de travail. Alors il y a d'un côté les mères de famille qui s'organisent pour avoir des allocations, soit de parent isolé, soit le RMI. Ça, c'est pour les revenus légaux. Mais il y a aussi l'argent liquide. Le vol, le recel, la drogue, c'est ça aussi qui fait vivre le quartier. »

Je reconnais que, à l'époque, ce qu'il m'avait dit ne m'avait pas beaucoup plu. Parce que probablement je n'avais pas envie d'entendre cette vérité-là. Je me souviens de l'avoir rabroué gentiment :

« C'est un peu facile d'exonérer les trafiquants de tout poil ! Alors, d'après toi, c'est parce qu'ils sont là que le quartier n'explose pas ? »

Il avait alors éclaté de rire :

« Ça c'est vrai, monsieur le maire, quand il y a les voitures qui brûlent, c'est pas bon pour les trafics parce qu'il y a beaucoup de flics dans le quartier ! N'empêche que, je serais vous, je ferais supprimer le feu rouge qui est au coin de la rue.

— Pourquoi ?

— Parce que sur ce carrefour-là, c'est très efficace, le vol. Les gosses, ils ouvrent la porte de la voiture et le coffre en même temps, ils vident tout ce qu'il y a avant que le conducteur n'ait rien pu voir. »

Huit jours après, j'avais transformé le feu rouge en feu clignotant.

Et pourtant, l'espoir existe quand même

Pendant toute la crise de l'automne 2005, j'ai fait des allers-retours entre Paris et Meaux. À Meaux, ça s'est moins mal passé qu'ailleurs. Ainsi, le 4 novembre, qui était la veille du week-end le plus difficile, j'avais tenu une réunion de sécurité avec le sous-préfet, la police nationale, la police municipale et le parquet pour mobiliser au maximum l'ensemble de nos troupes sur le secteur. Pourtant, nous n'avions pas pu empêcher l'incendie volontaire d'une voiture de pompiers au cœur du quartier de la Pierre-Collinet alors que ses occupants étaient venus secourir une personne malade dans une des barres les plus difficiles. Le samedi 5 novembre, je réunissais dans l'après-midi les adultes-relais afin qu'ils passent le message aux mères de famille, notamment de la communauté malienne, pour garder leurs enfants chez eux le soir. Le 6 novembre au matin, j'étais sur le marché de Beauval pour sentir l'ambiance.

Meaux avait plutôt tenu. Je ne dis pas du tout cela pour faire la moindre autosatisfaction car je sais combien, dans ces domaines, rien n'est jamais gagné. Mais enfin, à Meaux, il y a dix ans de travail acharné. D'abord, nous appliquons une politique de restructuration urbaine hyper volontariste. Nous faisons démolir, à marche forcée, les tours et les barres pour reconstruire à la place des logements à taille humaine. Ensuite, il y a le succès de la zone franche, des secteurs où les entreprises sont exonérées d'impôts et de charges sociales si elles embauchent et investissent dans le quartier. C'est enfin une politique de sécurité où tout le monde travaille ensemble : police, municipalité et parquet. Ainsi, au cours de la journée du 14 novembre, quarante procédures de comparution immédiate ont été tenues au tribunal de grande instance avec des décisions lourdes de mise sous écrou. La combinaison de tout cela fait que les quartiers à Meaux ont changé. Petit à petit, des grues viennent symboliser la reconstruction visant à remplacer les grands ensembles. Ce sont aussi des espaces verts plus larges et c'est enfin une politique de mixité puisque nous avons lancé les premiers programmes d'accession à la propriété là où il y avait cent pour cent de logements sociaux.

Meaux a donc plutôt mieux tenu et mon sentiment est que les habitants en ont tiré une certaine fierté, y compris dans les quartiers concernés.

Pas d'amour de la patrie sans égalité des chances

Pour autant, rien n'est complètement réglé sur ces sujets dans notre pays. Si la combinaison vertueuse sécurité-restructuration urbaine-zone franche est évidemment une clé majeure, il n'en reste pas moins que le défi pour retrouver un semblant d'identité collective et individuelle est évidemment l'égalité des chances. Nous le disons, les uns et les autres, sur tous les tons, mais ce sera bien le défi des dix années qui viennent.

L'égalité des chances ? C'est une autre manière d'évoquer – sans langue de bois – les principales défaillances de notre modèle d'intégration. Et parmi ces défaillances, il en est une qui me saute aux yeux en permanence : nous n'arrivons plus à donner envie à tous les Français d'aimer ensemble leur patrie. À part quelques rares moments de grâce – la finale de la Coupe du monde de football, mais c'était il y a huit ans –, on sent sur ce sujet une sorte de blocage psychologique incroyable. Le drapeau tricolore ? Ringard.

L'histoire de France ? Tellement indigne. Avec en prime les ravages de la philosophie « décliniste » de Sartre à Baverez pour offrir cette caution intellectuelle qui libère de tout complexe. Du coup, chacun a repris ses billes, définissant son identité non plus à travers son appartenance à la nation française, mais par rapport à son origine géographique, son milieu social, son aptitude à réussir sa vie professionnelle et familiale.

Alors, dans les banlieues, dans ces quartiers dont l'histoire urbaine est à peine vieille de cinquante ans, on imagine aisément les dégâts auprès d'une population qui, pour une large proportion, est d'origine immigrée. Comment construire dans les cités une identité française, une volonté collective de vivre et de bâtir l'avenir ensemble, pour des hommes et des femmes qui ne se parlent pas, ne s'écoutent pas, ne se respectent pas ? Problème de langue, problème de culture, problème de traditions. Ils sont venus parce qu'on leur a dit qu'ils y vivraient mieux que dans leur pays d'origine. Ce qui est vrai. Ils sont venus aussi parce que, depuis des années, par absence de courage politique, on a refusé de mener une vraie politique d'immigration, laissant ainsi se développer considérablement l'immigration liée à des raisons familiales – et notamment au regroupement familial – dans un cadre tout à fait légal. Le problème, c'est que personne ne s'est soucié de savoir quelles seraient les ressources de ces familles, en dehors des allocations versées par l'État. Au point qu'on est arrivé à une situation où l'État a indirectement subventionné cette immigration, sans donner pour autant à ces populations les clés de l'intégration : ni maîtrise de la langue française, ni emplois disponibles, ni connaissance des principes et des valeurs de notre République. En bref, on ne leur a pas donné les codes d'accès. Pis encore, je l'ai dit, beaucoup d'entre eux pensent être, par avance, condamnés à l'échec. Chacun se sent protégé, certes, mais comme un numéro de sécurité sociale. Pas comme un citoyen français. Voilà pourquoi cet enfant de Meaux demandait à sa mère : « Quand est-ce qu'on rentre dans mon pays ? »

Et voilà pourquoi, à ce moment précis de mon livre, je voudrais faire un détour par le 14 Juillet du côté des Champs-Élysées.

14 Juillet : la larme à l'œil est-elle autorisée ?

14 juillet 2005. Il est 10 heures du matin, le temps est sublime sur Paris. Pas un nuage. Je gravis les trois marches qui me conduisent à ma place dans la tribune présidentielle. J'y rejoins là l'ensemble de mes collègues du gouvernement Villepin. Chacun se congratule, se retrouve pendant une heure de défilé. Nous sommes au spectacle. Ni contrainte, ni angoisse, ni stress, juste l'armée qui défile et qui salue son gouvernement et le chef des armées, le président de la République. Je suis assis à ma place, exactement en face de cette avenue des Champs-Élysées magnifique, au meilleur endroit pour voir défiler les troupes françaises au son de la musique militaire. Être là, un rêve d'enfant.

Il y a beaucoup d'autres tribunes officielles le 14 Juillet, pour accueillir les corps constitués, les ambassadeurs, les directeurs de cabinet ministériel, les épouses de ministre, les hauts dignitaires de la Ve République, hauts magistrats, hauts fonctionnaires, civils et militaires. Et puis, il y a la tribune des invités sur les côtés et encore, bien sûr, la foule le long de l'avenue des Champs-Élysées, qui applaudit à tout rompre.

Mais, à ma place, on voit tout. Car c'est pour nous que l'armée française défile, c'est pour nous que, arrivée à la tribune présidentielle, elle incline le drapeau à chaque passage de régiment. Pour montrer la soumission du pouvoir militaire au pouvoir civil.

Et durant cette heure de défilé, mille images me passent par la tête, des images confuses. De fierté bien sûr d'abord. Dans ces moments-là, qui que l'on soit, on ne peut s'empêcher de penser à ses parents, à ses grands-parents, à son histoire familiale. Moi aussi, je suis d'origine immigrée. Mon grand-père paternel était roumain. De confession juive, il avait fui son pays natal, où sévissait alors un fort antisémitisme, pour gagner, très jeune, la France dans les années 1920 et y faire carrière en médecine. Comme des centaines de milliers d'autres immigrés venus de la lointaine Europe centrale, sa première préoccupation était de se fondre dans la masse : être naturalisé le plus vite possible, et parler français sans accent. À cette époque, la France pratiquait « l'assimilation » de ses immigrés et ça marchait bien. Décoré de la croix de guerre 1939-1940, mais aussi marqué par l'Occupation, il fut sauvé, avec sa femme et ses enfants, d'une rafle à Aubusson grâce à des gens magnifiques et courageux. Il a élevé mon père comme ensuite mes parents m'ont élevé, dans le respect et la fidélité au judaïsme mais dans une totale laïcité. N'ayant donc jamais vraiment reçu d'éducation religieuse, j'ai consacré mes rêves d'enfant à l'histoire. J'y ai puisé les raisons premières de ma passion pour la politique et la volonté de m'engager pour mon pays.

Voilà pourquoi pendant le défilé du 14 Juillet, assis dans la tribune présidentielle, on pense aussi à la France et à l'histoire de la France. Chacun, j'imagine, a son épisode préféré, sa gloire préférée et sa tragédie préférée, celle à laquelle on songe dans ces moments d'émotion.

Voyant cette armée rutilante, dont j'ai appris à connaître un peu mieux – en tant que ministre du Budget – les forces et les faiblesses, j'admire ce matin seulement la beauté des uniformes, des drapeaux, la force de la musique militaire ; je repense d'ailleurs à mon service militaire, fait en 1986, comme élève officier de réserve. Et puis, je suis à cinq mètres du président de la République, le chef des armées. Je le vois saluer les commandants de compagnie les uns après les autres.

Et les images reviennent en boucle à nouveau, ma famille, l'histoire de la France, Napoléon, l'exode de 1940, de Gaulle. Tout cela est confus dans ma tête. Mais défilent chaque fois des images précises qui ont nourri mes émotions d'enfant, mes lectures, mes passions, mes découvertes.

Et puis aussi je pense à mes amis qui eux sont, pour l'essentiel, sur les plages ou au bord d'une piscine. Je me dis en souriant que peu d'entre eux doivent être en train de regarder ce défilé à la télévision. Et pour cause, qui s'y intéresse encore ? Oh, bien sûr, dans chaque ville de France il y a des gens qui viennent sur les places de leur mairie pour saluer les brigades de sapeurs-pompiers, les gendarmes, les policiers ; il y a dans les villes de garnison quelques rendez-vous d'habitués. Mais à part cela ? Qui, à l'heure où nos armées défilent sur les Champs-Élysées devant le président de la République et son gouvernement, pense « Vive la France ! » ?

En ce jour de fête nationale, un mois et demi a passé depuis le non au référendum européen, et nous sommes une semaine seulement après l'échec de la

France dans sa candidature aux Jeux olympiques. Ce 14 Juillet est bien singulier. L'armée défile, impeccable comme tous les ans, elle n'a plus rien à voir ni avec celle de 1919, ni même avec celle de 1804, mais c'est notre armée, elle est belle, il n'y manque aucun bouton de guêtre. Malgré les frissons que l'on ressent, malgré la petite larme au moment de *La Marseillaise*, je le sais bien, retrouver le projet d'un chemin collectif, d'une identité nationale, de l'amour de la patrie, ne passe pas par le défilé du 14 Juillet. C'est ailleurs et au-delà qu'il faut reconstruire. Notre pays est si fracturé, si prisonnier de ses doutes, de ses peurs, que ce n'est pas sa fête nationale qui suffit à lui permettre de se retrouver avec lui-même. Il faudra beaucoup plus que cela, un message d'audace, de courage, d'imagination. Autant de mots magiques qui manquent à l'appel en ce 14 juillet 2005.

Pourquoi est-ce devenu, depuis maintenant si longtemps, ringard d'être patriote ? Pourquoi ne peut-on pas parler de l'amour de la France sans au mieux faire sourire ? La question ne cesse de me tarauder. Réconcilier les Français avec leur nation, c'est déjà commencer par essayer de comprendre d'où vient le divorce.

La concurrence des mémoires

Au mois d'août dernier, profitant de quelques jours de vacances, je dévore la biographie de Talleyrand écrite par un formidable historien, Emmanuel de Waresquiel. J'avais rarement lu une biographie politique dont l'analyse était aussi fine sur cette période si riche et passionnante de notre histoire. Je rêve de rencontrer l'auteur. Je lui propose un rendez-vous, qu'il me fait l'amitié d'accepter. Je l'interroge sur l'idée de nation, sur cette difficulté que l'on a, en ce début de IIIe millénaire, à donner envie aux Français de vivre ensemble.

« Vous savez, me dit-il, ce qui est en cause, c'est la concurrence des mémoires, c'est la lutte permanente pour s'approprier la mémoire. Parce que chaque groupe, puis chaque communauté revendique sa propre part de passé. Les différents épisodes se sont superposés : la guerre d'Algérie, l'esclavage et la traite des Noirs sont venus s'ajouter à l'histoire de la déportation ou à la Révolution française. Chacun veut donner la même importance, voire une importance supérieure, à son propre héritage, à sa propre mémoire, oubliant qu'il porte ainsi le risque de disloquer la nation. »

Je le questionne encore :

« Mais, enfin, n'y a-t-il pas aussi derrière tout cela l'image d'une France qui, aujourd'hui, est morcelée ? Là où il y avait, sous la IIIe République, un énorme travail grâce aux hussards de la République à l'école, le fait aujourd'hui d'une immigration mal régulée, d'une intégration mal assumée, de multiples origines géographiques, religieuses ou sociales mal organisées : est-ce que tout cela n'a pas finalement été aussi à la source de la France divisée d'aujourd'hui ?

— Sans doute, me répond-il, mais il ne faut pas s'y tromper. La France du XVIIIe et du XIXe siècle était tout aussi morcelée, sinon plus. On a oublié qu'il y avait à l'époque trente langues différentes parlées en France. En réalité, le mal est donc récurrent. »

Cette idée de la concurrence des mémoires ne me quitte pas. Je ne cesse d'y penser lorsque je vois, en particulier, monter avec force des messages si confus de beaucoup de jeunes issus de l'immigration. Une enseignante de terminale me raconte ainsi :

« Vous n'imaginez pas comme les cours d'histoire sont difficiles. On ne cesse d'opposer les mémoires : par exemple, depuis la querelle au Parlement sur le passé colonial de la France, on me demande de reparler autrement de la guerre d'Algérie, de parler beaucoup plus de l'histoire de l'esclavage. Sans compter les risques d'injures que l'on peut prendre lorsque l'on évoque l'histoire de la Shoah. »

Elle poursuit :

« J'ai le sentiment, parfois, d'avoir en face de moi des jeunes qui ne semblent plus venir à l'école pour apprendre, mais pour régler des comptes. Il arrive que des enfants qui revendiquent une identité autre que l'identité française tiennent un discours francophobe, alors même qu'ils sont nés en France et leurs parents aussi, et que bien souvent ils ne connaissent pas d'autre pays que la France. »

C'est vrai. J'ai personnellement entendu parfois des jeunes de ma ville, d'origine immigrée, mais bien français, m'apostropher avec virulence sur cette France dont ils ne se sentent pas citoyens. Ils semblent poser comme préalable à leur intégration la reconnaissance de leur identité, de leur mémoire identitaire, développant avec une troublante sincérité un véritable discours de victimisation.

Disons les choses franchement. Pour sortir de cette impasse, il y a bien sûr des consignes claires à passer. En premier lieu, évidemment, il s'agit de casser les ghettos. Je l'ai dit un peu plus haut, c'est un lieu où cette idéologie, comme d'autres d'ailleurs tel l'intégrisme religieux, se répand sur fond de désespérance sociale. Le préalable à cela, c'est de ne rien céder sur les principes : la tentation du communautarisme, du multiculturalisme est une dérive fatale, même si souvent on y cède sous couvert de tolérance. Elle n'apporte que la violence parce qu'elle oppose les tenants de chaque communauté au motif que leurs règles de fonctionnement seraient supérieures à celles des autres. Jamais le modèle français ne pourrait survivre à de telles concurrences et à de tels affrontements tant notre pays est sujet à la violence. Je repense à Waresquiel. Pendant des siècles, la France a vécu dans la violence à cause des enjeux de mémoire de la Révolution française : des enjeux politiques, religieux, sociaux... Le même piège nous est tendu aujourd'hui. Si l'on veut en sortir, il faut en finir avec la logique infernale des catégories. Puisque chaque citoyen est un enfant de la République, alors seule doit compter sa propre valeur. Et c'est à la République de faire en sorte que chacun ait les mêmes chances de donner le meilleur de sa valeur pour lui-même, pour ses enfants et pour son seul pays, la France.

Pour illustrer et compléter ce que je viens d'évoquer, je voudrais ici suggérer deux pistes de travail qui me paraissent devoir être mises en œuvre.

Première piste, la mise en place d'internats et le tutorat

« Vous savez, m'avait dit une mère de famille qui habitait la cité de la Pierre-Collinet, lui il s'en sortira. C'est le seul de mes enfants qui travaille quand il rentre de l'école et qui ne traîne pas dans la cité avec les copains. »

Et pourtant, me disais-je intérieurement, lui donnera-t-on les moyens d'aller loin ? En regardant le petit trois-pièces où s'entassait la famille, en voyant le gamin faire ses devoirs au milieu de tous avec la télé allumée en permanence et les grands frères soûlés par la violence des images de leurs jeux vidéo, je me demandais si vraiment il s'en sortirait. Y aura-t-il quelqu'un pour l'aider le jour où il ne comprendra pas son problème de maths ? Y aura-t-il quelqu'un pour lui dire qu'en dehors du chômage et de la délinquance il y a un avenir ? Y aura-t-il quelqu'un pour lui donner des idées de métier, un projet, un rêve ? Tous les parents, même les plus avertis, les plus mobilisés, savent combien il est compliqué d'orienter un jeune dans ses études. Et combien il est difficile de trouver les mots pour motiver son enfant quand il va mal. La tâche est évidemment bien plus rude pour les parents des quartiers difficiles, et surtout les mères seules, qui pour beaucoup ne sont absolument pas en situation de pouvoir épauler leurs enfants. Il peut arriver en outre que le fils aîné devienne pour des raisons pratiques le père de substitution et de ce fait se refuse à être considéré par l'institution simplement comme un adolescent ordinaire.

À ces enfants, il faut donner une deuxième chance. Une avancée considérable a été faite à propos de l'apprentissage. Notre pays avait de ce point de vue un vrai retard à rattraper puisque, en 1995, nous avions seulement 250 000 apprentis. Le projet de loi sur l'égalité des chances présenté par le gouvernement Villepin en janvier 2006 abaisse l'âge de l'apprentissage à 14 ans et nous permet d'envisager le chiffre de 500 000 apprentis en 2009.

C'est une première clé. Mais je crois qu'il faut aller beaucoup plus loin, notamment par le biais de deux systèmes éducatifs que notre pays commence à expérimenter : les internats et le tutorat.

Pour les internats, il ne s'agit pas de faire l'apologie du pensionnat de nos grands-parents remis au goût du jour par la téléréalité, mais de prendre ce qu'il y a de mieux dans une méthode qui a fait ses preuves. Trop d'enfants sont en difficulté à cause de leur environnement familial ou géographique : parents démissionnaires, mauvais traitements parfois, manque de place pour étudier dans le calme, influence des petits caïds, etc. Un internat, c'est une chambre, un personnel d'encadrement, une bibliothèque, une discipline, mais aussi une hygiène de vie avec des repas équilibrés et à heure fixe... Autant d'éléments indispensables pour mener des études dans des conditions normales.

Construire des internats en milieu urbain ou réhabiliter les places d'internat déjà existantes coûte cher. Les entretenir et rémunérer les personnels d'encadrement aussi. C'est pour cette raison que des initiatives de partenariats avec de grands groupes privés sont à examiner de près. Il s'agit au fond d'une forme de mécénat, dans la plus belle tradition du terme : subventionner, par les internats ou des bourses au mérite, la formation d'élèves pour leur donner les mêmes chances qu'aux autres de réussir. On pourrait naturellement y assortir un avantage fiscal pour les entreprises qui s'engageraient dans l'aventure. Une autre solution serait d'affecter à ces internats une partie de la taxe d'apprentissage versée par les entreprises.

Cela implique de convaincre les familles : beaucoup sont réticentes. Pourquoi ne pas imaginer qu'en fin de CM2 et en fin de chaque année de collège les chefs d'établissement, en lien avec le maire, reçoivent les familles en difficulté ? Je pense par exemple aux mères isolées, pour qui ce système d'internat présenterait de nombreux avantages et une grande sécurité. C'est un système cent pour cent gagnant : les élèves ont une chance unique de s'éloigner de leur environnement et de réussir ; les parents, qui ont des difficultés à faire face pour des raisons diverses (séparation, chômage, maladie, etc.), sont épaulés sans que leur autorité soit remise en cause. Quant au maire, il jouerait un rôle d'intermédiaire entre les familles et l'école, et s'assurerait personnellement que les internats répondent aux exigences essentielles d'encadrement, d'hygiène et de sécurité, tout en préservant un espace réservé à la famille pour que puisse demeurer un échange affectif régulier.

Pour ce qui est du tutorat, j'avais été séduit par l'initiative de Sciences-po consistant à établir des conventions avec les lycées placés en zone d'éducation prioritaire (ZEP). Une nouvelle voie d'entrée à Sciences-po était ainsi créée pour ces élèves. Je suis convaincu que tout ce qui peut contribuer à l'égalité des chances de réussite entre les lycéens doit être expérimenté. L'ESSEC travaille également sur cette base, non plus pour créer une filière réservée, mais pour instaurer un véritable tutorat, une sorte de coaching pour aider sur le long terme des lycéens de ZEP à avoir les mêmes armes que les autres. Pendant les trois années de lycée, les élèves repérés par leurs professeurs bénéficient ainsi d'un soutien personnalisé par des élèves de l'ESSEC. Soutien scolaire bien sûr, mais aussi soutien culturel et moral. Car ce qui manque à ces élèves sont la confiance, l'information, et une forme de capital culturel qui vient plus de l'environnement familial que de l'école.

Le tutorat permet de répondre sur ces trois fronts. Les tuteurs, sortes de grands frères ou grandes sœurs, deviennent des exemples et savent susciter l'envie et l'ambition de réussir. Ils ont eux-mêmes réussi des concours et peuvent donner leurs trucs, les bons tuyaux, les bonnes informations, bref, tous les petits plus qui font la différence. Et enfin, les heures de tutorat sont en grande partie consacrées à des sorties culturelles, aux sujets d'actualité, pour acquérir une culture générale qui manque si cruellement à ces élèves.

Le tout produit des résultats extraordinaires, et notamment à l'oral. Je me souviens du témoignage de cette étudiante de Sciences-po issue de ZEP : elle racontait que ce qui l'avait frappée en arrivant à Sciences-po, ce n'était ni le cadre ni le travail, mais la « façon dont les gens parlaient ». Le tutorat permet aussi d'apprendre cela : savoir s'exprimer, tenir un raisonnement, prendre confiance en soi, défendre un point de vue...

La seconde piste : vers le service civil obligatoire

La suppression du service militaire était parfaitement logique, quoi que l'on en ait dit. La professionnalisation de nos armées était la conséquence de l'incapacité de notre pays, dans le format militaire qui était le sien dans les années 1990, de projeter de manière efficace des troupes sur différents théâtres d'opérations extérieures. Cependant, l'idée de devoir, la notion de ce qu'on donne à son pays, est passée du même coup à la trappe. Pour cette raison, je crois la notion de service civil absolument indispensable. L'heure est sans doute venue d'envisager sa généralisation pour toute une classe d'âge, 800 000 jeunes hommes et jeunes filles qui – issus de tous les horizons sociaux et géographiques – pourraient ainsi consacrer six mois ou un an de leur vie à un temps de partage, de rencontres, de découverte, au service d'autrui. Cette nouvelle manière de sortir de la cité offrirait la possibilité de mieux brasser les enfants d'une même génération. Ce serait une école de respect, de discipline et de connaissance des autres.

Généraliser le dispositif de service civil et le rendre à terme obligatoire pour tous est une opération de très grande ampleur. Je mesure combien les obstacles à sa mise en œuvre sont innombrables. Permettre à toute une classe d'âge de donner six mois ou un an à son pays est évidemment quelque chose de très innovant. C'est, selon moi, l'un des défis des années à venir. Organiser l'accueil et l'encadrement de ces jeunes à travers plusieurs grandes missions d'aide au service public, l'assistance scolaire, la solidarité, la sécurité ou l'action humanitaire internationale, exige un travail considérable. La canicule, entre autres, a révélé au grand jour les ravages de la solitude et à quel point la société souffrait d'un manque de solidarité et de fraternité. Beaucoup de nos jeunes trouveraient leur place à faire du soutien scolaire dans les écoles, à apporter une présence aux personnes âgées dans les maisons de retraite, à égayer le quotidien des enfants hospitalisés, ou encore à assurer des opérations de sécurité ou de médiation dans les quartiers difficiles, en France comme à l'étranger. Parallèlement, ce temps de service civil serait aussi l'occasion d'une seconde chance pour ceux qui sont en difficulté professionnelle ou scolaire, allant d'un réapprentissage de la lecture jusqu'au passage du permis de conduire.

De la même manière, je crois qu'il est temps d'encourager dans notre pays toutes les formes d'engagement au service des autres. Divers pays l'ont bien compris, comme la Grande-Bretagne ou le Canada, qui ont mis en place une véritable politique publique du volontariat associant l'État et les entreprises. La Grande-Bretagne a ainsi fait de l'année 2005 l'année du bénévolat. À cette occasion a été créée une agence nationale du développement du bénévolat, structure indépendante, financée par l'État et par de grandes entreprises comme Marks & Spencer, Barclays ou British Telecom, afin de professionnaliser le bénévolat, d'auditer les bonnes pratiques et d'initier les grandes campagnes nationales. Dans ces pays à culture anglo-saxonne, les entreprises jouent totalement le jeu et soutiennent l'engagement de leurs salariés en prêtant leur matériel et en aménageant les horaires de travail. Je propose que l'on s'en inspire pour créer, à notre tour, une agence française du bénévolat qui aiderait les Français à réaliser leurs projets et encouragerait les entreprises à participer très concrètement à cet élan de générosité et de fraternité. Il n'y a là rien d'utopique. Il s'agit juste de considérer ce que font d'autres pays pour en tirer le meilleur pour le nôtre.

Mon dernier mot est pour les parents

Confronté aux problèmes de quartiers difficiles depuis des années, j'ai acquis une conviction : le moment est venu de mettre en œuvre un suivi personnalisé des familles qui présentent des difficultés dans une forme d'accompagnement approprié et sur mesure. Car il n'y a pas de remède miracle, de solution globale, qui convienne à tous. Le débat sur la responsabilité des parents est à cet égard éclairant. Je suis autant agacé par l'intransigeance de ceux qui ont pour seule réponse la suppression des allocations familiales, que par le regard angélique des autres, pour qui « les parents n'y sont pour rien ». Chaque parent doit être vu pour ce qu'il est. Il est impossible d'apporter une réponse uniforme.

Premier cas typique : celui de la mère isolée, souvent pleine de bonne volonté mais totalement dépassée par les événements. Absente parce qu'elle travaille parfois le soir, elle ignore que ses enfants accumulent peu à peu absentéisme scolaire, petits trafics, usage de drogue, etc. Une sanction financière ne résoudrait rien et rendrait le quotidien encore plus difficile. Ce sont des parents qu'il faut accompagner, aider, relayer, plutôt que punir. L'internat, comme on l'a vu, peut être alors la meilleure solution.

Il y a le cas de la famille immigrée, qui ne parle pas un mot de français, et qui ne connaît à peu près rien de notre système scolaire. Cette famille-là, il faut la suivre de façon très personnalisée, en profitant de l'expérience des associations de quartier, mais aussi en responsabilisant les parents grâce aux stages parentaux éducatifs, organisés par l'Éducation nationale, avec un gros travail notamment d'apprentissage de la langue française et d'alphabétisation.

Il y a enfin le cas du parent « déserteur », celui qui se complaît dans une situation où son gamin fait les quatre cents coups, et qui parfois même récupère l'argent des trafics auxquels l'enfant se livre. C'est le type même du parent insaisissable, qui ne manifeste aucune bonne volonté et ne répond pas aux convocations du chef d'établissement, alerté par le nombre d'absences de l'enfant. Ce parent-là, à l'évidence, doit être traité avec une grande sévérité. On doit lui montrer, par sa responsabilité civile ou pénale, qu'il a tout à perdre. Et les réponses existent : des stages parentaux judiciaires, prévus par le code pénal et organisés par le procureur pour rappeler les parents à leurs obligations. Et naturellement, si le message n'est toujours pas reçu, il faut sans hésiter passer aux sanctions, qu'elles soient financières ou même pénales dans les cas les plus graves.

Cette graduation des sanctions repose sur une exigence : il faut un pilote. Ce pilote doit être le maire. Car lui seul peut mettre tout le monde autour de la table, et coordonner l'action de la police, de la justice, de l'Éducation nationale et des travailleurs sociaux. Il s'agirait de mettre en place un vrai suivi individualisé des familles, en connaissant le détail de la situation de chacune d'entre elles, en posant dès la première alerte des garde-fous et en ne relâchant jamais l'attention. Ce n'est pas insurmontable : sur une ville comme Meaux, environ deux cents familles posent problème. On peut traiter leur cas un par un.

Dans ce chapitre se trouve une part capitale des grands débats auxquels la France sera confrontée durant les dix prochaines années. À l'évidence, chacun des candidats aux élections présidentielles de 2007 devra se déterminer par rapport à ces questions. Du choix que feront alors les Français, des décisions politiques qui en découleront, dépendra dans une large mesure l'avenir de notre nation. Parce que les tensions demeurent fortes, parce que les risques de dérive de toute sorte sont innombrables, parce que aussi l'exaspération de l'opinion publique est considérable, celui qui sera en charge de l'essentiel n'aura pas droit à l'erreur. Ni sur cette question, ni d'ailleurs sur les autres grands sujets qui fâchent, mais qui exigent néanmoins aujourd'hui des réponses rapides et innovantes.

Troisième partie

Les sujets qui fâchent

9.

Travail : le plein-emploi, est-ce possible ?

Les Français et le travail : remontons la pente des 35 heures !

Un vendredi matin du mois de mai 2005. Nous sommes à quelques jours du référendum sur la Constitution européenne, il est très tôt et je vais prendre l'avion de Marseille vers Paris. La veille au soir j'étais en Arles pour un de mes derniers meetings de campagne. À l'aéroport, je suis pris en charge par un fonctionnaire de la police de l'air et des frontières d'une cinquantaine d'années. Il est aimable et chaleureux, sa mission est de me conduire jusqu'au pied de l'avion. Je l'interroge :

« Alors, comment ça se passe pour vous ici, vous êtes content ?

— Oh, vous savez, monsieur le ministre, c'est super ici. Moi, je suis originaire des Vosges, c'est moi qui ai demandé ma mutation en région marseillaise. Ici on est près de la mer, on est près aussi de la montagne, donc c'est vraiment très agréable. »

Content de le savoir heureux de son cadre de vie, je souhaite qu'il précise un peu les choses du point de vue de son activité professionnelle :

« Et sur l'activité, ça se passe bien ?

— Oh oui, très bien. On peut faire plein d'activités ici. Des sports nautiques, du ski en hiver, et puis comme ça je suis beaucoup avec les enfants, et ça me permet de faire beaucoup de sport. »

Je fais une troisième tentative :

« Et sur le plan de votre activité professionnelle, cette fois, vous n'êtes pas trop en surchauffe ici ?

— Oh, moi, je suis aux 35 heures et puis, avec les bonifications, je ne suis plus très loin de la retraite maintenant. Donc ça va. Bon voyage, monsieur le ministre ! »

Et toujours aussi aimablement, il me conduit à l'avion qui me ramène à Paris. Voilà qui me laisse bien rêveur, moi qui ai passé toute la soirée du meeting de la veille à faire l'éloge du travail, devant des militants très enthousiastes sur ce thème. « Eh oui, leur avais-je dit, nous devons sortir d'une société d'assistance pour valoriser le travail, faire que celui qui a un emploi gagne plus que celui qui n'en a pas... » Bref, tous ces thèmes que nous répétons à longueur de meeting et d'année, et qui, en cette matinée ensoleillée, se sont heurtés brutalement à la réalité du quotidien.

Nous l'avons tous dit et redit, les 35 heures n'ont pas simplement réduit la durée légale du travail en France. Elles ont symbolisé le rapport quasi schizophrène que les Français entretiennent avec le travail. Dans un monde de plus en plus compétitif, où la durée hebdomadaire du travail est partout bien supérieure à

35 heures, l'observateur étranger exprime sa surprise. En France, l'envie qui bien souvent domine n'est plus celle de réussir, de s'accomplir professionnellement, mais plutôt de trouver ce fameux travail tranquille, ce statut censé mettre à l'abri du risque. Les Français ont entendu la musique gouvernementale des années 1990 : beaucoup aspirent à travailler moins et s'enfoncent douillettement dans le confort de cette fameuse RTT pour une vie meilleure au même prix.

Mais en réalité, ce prix est très lourd. Il est d'abord lourd pour nos finances publiques. Compenser aux entreprises le fait qu'elles paient une durée du travail de 35 heures au tarif ancien de 39 heures représente pour le budget de l'État l'équivalent de 15 milliards d'euros. Quinze milliards d'euros, c'est le quart du budget de l'enseignement scolaire, presque trois fois le budget du ministère de la Justice. Et c'est surtout une dépense publique qui ne fait que combler un manque à gagner financier pour les entreprises. Cela n'a donc aucune incidence politique pour la création d'emplois ou pour notre économie en général.

Mais le prix est aussi lourd de conséquences sur le pouvoir d'achat des Français. Une fois passé l'enthousiasme des premiers mois de mise en œuvre des 35 heures, beaucoup de nos compatriotes ont commencé à comprendre la douleur de l'addition à payer. En effet, les entreprises se sont trouvées dans une situation de contraintes telle qu'il était hors de question, pour bon nombre d'entre elles, d'envisager des augmentations de salaire. Ainsi s'est mis en place, de manière progressive, insidieuse, le blocage quasi complet des hausses de salaire dans le secteur privé. C'est ce que nous payons le plus cher aujourd'hui car les Français, qui ont vu leur pouvoir d'achat augmenter très faiblement voire diminuer dans certains cas, ont constaté dans le même temps des contraintes financières toujours croissantes, allant des besoins élémentaires à financer (énergie, frais de voiture, vacances) jusqu'à des besoins émergents qu'il faut satisfaire (portable, ordinateur, abonnement à Internet...). Aussi, les Français dont les revenus sont les plus modestes, ouvriers ou employés par exemple, et qui pouvaient régler leurs dépenses élémentaires grâce aux primes ou heures supplémentaires, se retrouvent aujourd'hui confrontés au fléau du surendettement.

Le prix a été très lourd également en termes d'état d'esprit. Les 35 heures obligatoires, c'est l'idée que l'on a plus de vacances mais moins de perspectives de progression. Ainsi, beaucoup de Français ont finalement accepté ce choix de renoncer à progresser, en échange de plus de temps libre. L'exemple du fonctionnaire de police que j'évoquais tout à l'heure est, de ce point de vue, typique. Il est agent public, limité dans sa durée du travail par son statut, conscient que sa rémunération n'augmentera pas dans des proportions suffisantes. Il a, de fait, d'une certaine manière, renoncé. Ce n'est pas lui qui est à blâmer, c'est un système qui n'est absolument pas adapté.

Je n'ai pas besoin de charger beaucoup plus la barque, chacun sait de quoi je veux parler. Au-delà des discours officiels convenus, dès que les micros sont débranchés, il n'y a plus personne, ni à gauche, ni à droite, pour défendre sérieusement les 35 heures.

Pourquoi la droite revenue au pouvoir en 2002 ne les a-t-elle pas remises en cause ? Ce fut, à l'époque, un grand débat entre nous. Mais les sondages étaient unanimes à montrer combien la réduction du temps de travail était populaire auprès des Français. Et, je l'avoue, nous avons tous calé face à cet enthousiasme. Nous n'avons pas voulu prendre le risque d'être battus aux élections de 2002 en affichant un retour brutal aux 39 heures. J'ajoute, pour être tout à fait complet, que cela aurait sans doute provoqué un désordre considérable dans une économie qui venait tout juste de s'adapter à cette nouvelle législation. D'où le choix, pour remonter la pente, d'assouplir au maximum tout ce qui pouvait l'être. Allègement de charges, remontée du plafond de recours aux heures supplémentaires, baisse des surtaxations, nous avons fait dans ce domaine pas mal de choses. Mais personne n'a vraiment bien joué le jeu. Ni les entreprises qui, au niveau des groupes de grande taille, avaient tout juste finalisé leurs accords sur la RTT et qui, vu l'état relativement faible de la croissance économique, n'avaient pas de quoi remplir des carnets de commandes tels que cela suscite un appel aux heures supplémentaires, qui plus est surtaxées à 25 %. Ni les syndicats qui n'avaient aucune intention de se renier par rapport au combat qu'ils avaient pu mener dans les années précédentes. Du coup, le slogan que nous avions mis en avant – « Ceux qui souhaitent travailler plus pour gagner plus doivent pouvoir le faire » – n'a pas suffisamment pénétré les pratiques ni les esprits. Sans doute parce que beaucoup de Français ne se sont pas sentis concernés.

Je crois quand même que les mesures prises pour assouplir ces 35 heures trouveront leur sens lorsque la croissance commencera à être au rendez-vous et qu'elle sera accompagnée d'un certain nombre d'assouplissements nouveaux dans la législation du travail. On en voit les effets directs avec la création de ce contrat nouvelle embauche dont je reparlerai un peu plus loin.

Mais ce qui me paraît gravement atteint, avec cette législation sur le temps de travail, c'est le rapport des Français au travail. Je sais combien ce type de discours est politiquement incorrect. Cette idée que le travail doit payer, qu'il n'y a pas de société qui puisse se développer de manière équilibrée et respectueuse de chacun sans la liberté de s'épanouir par son travail, tout cela, je le sais, est durement entaché de clichés. On oublie cependant un fait essentiel : une société avec 10 % de chômeurs ou une société avec 5 % de chômeurs, cela n'ouvre pas les mêmes ambitions vis-à-vis de l'avenir, cela ne permet pas les mêmes choix politiques et, surtout, cela ne conduit pas au même progrès social car, pour pouvoir redistribuer de la richesse, il faut d'abord la produire !

Le constat est clair : nous vivons en France avec un niveau de vie moyen 30 % inférieur à celui qui existe aux États-Unis, parce que nous mobilisons globalement mal nos ressources en main-d'œuvre. Cela tient d'abord au fait que notre taux de chômage est supérieur à la moyenne des pays riches, mais aussi au fait que la France est le pays de l'Organisation de coopération et de développement économiques (OCDE) où le nombre d'heures travaillées par personne employée est le plus faible : 1 460 heures annuelles au lieu de 1567 pour la moyenne de l'Union européenne et 1 724 aux États-Unis. À l'arrivée, comment cela pourrait-il ne pas se voir dans la richesse que nous produisons ?

Il y a une autre conséquence à terme. Avec le vieillissement démographique, nous allons rapidement devoir assumer plus de solidarité, avec moins de ressources : notre population vieillit et le nombre d'actifs diminue. Une telle évolution va mettre évidemment à l'épreuve notre cher modèle social.

Sur ce point, aucune hésitation n'est possible : il faut remettre le travail au cœur du système. Travailler plus et être plus nombreux à le faire. En clair, le maintien durable des 35 heures est intenable.

Le flic de Houston et les heures supplémentaires

En écrivant ces lignes, je ne peux m'empêcher de penser à cette conversation que j'ai eue il y a quelques années de l'autre côté de l'Atlantique. Cette nuit du mois de juillet 1999, je suis aux États-Unis, à Houston, Texas, dans une voiture de la brigade de lutte contre la violence urbaine. Je suis, en effet, parti trois semaines aux États-Unis pour étudier la manière dont les Américains traitent les problèmes de violence urbaine. J'accompagne un policier dans ses différentes interventions. Nous voilà au milieu d'une bagarre entre voisins latinos dans un quartier sinistre du sud de Houston, puis dans la chambre d'un motel où un jeune s'est suicidé en se tailladant les veines. De quoi mesurer la dangerosité du métier de policier ! Le flic répond bien à l'image que l'on voit dans les séries américaines : chewing-gum en bouche, Ray-Ban à portée de main, pistolet au côté. Ce qui fait un peu rêver, c'est l'ordinateur de bord avec le fichier immédiatement accessible des délinquants de la ville. À part moi, il est seul dans la voiture, le siège arrière étant isolé du siège avant par une grille à laquelle il peut attacher les personnes interpellées et menottées. Rien à voir donc avec le fonctionnement de nos brigades d'îlotage. Je parle avec lui, entre deux interventions, pour nous changer les idées.

« Alors, lui dis-je, c'est bien payé comme job ?

— Oh, pas trop mal, mais de toute façon, moi, j'ai deux métiers.

— Ah bon ? Deux métiers, c'est-à-dire ?

— Eh bien, en fait, la nuit je suis flic, mais le jour je travaille dans un supermarché. Ça nous permet, ma femme et moi, de bien gagner notre vie, parce qu'elle aussi travaille et, comme ça, elle peut élever aussi les enfants. »

Qui peut imaginer en France un schéma pareil ? Je n'ai pas connaissance qu'ici la moindre loi autorise un fonctionnaire à avoir un deuxième métier. Je n'ai pas connaissance, non plus, qu'un salarié de droit privé soit autorisé à avoir un deuxième poste dans une autre entreprise, sauf naturellement à le faire sans le déclarer – chacun sait que le travail au noir fonctionne malheureusement très bien en France... Rien dans nos structures ne prévoit de telles possibilités. Les surtaxations aux heures supplémentaires, les contraintes réglementaires, tout est fait en réalité pour dissuader un dispositif comme celui-là.

Dans ce contexte, il n'y a pas trente-six solutions. À partir du moment où l'on considère que la durée légale doit rester à 35 heures et que l'on ne veut pas revenir sur cette disposition pour les raisons à la fois psychologiques et économiques que j'ai évoquées tout à l'heure, il ne reste qu'une seule manière d'agir : déverrouiller encore plus qu'on ne l'a fait jusqu'à présent les contraintes qui pèsent sur les heures supplémentaires, à la condition qu'elles continuent à se traduire, pour les salariés, par un vrai surcroît de pouvoir d'achat.

Hervé Novelli, député actif de la commission des Finances, a conduit sur cette question une réflexion intéressante. Quelle est la situation actuelle ? Les heures supplémentaires sont très coûteuses pour les employeurs puisqu'elles sont majorées de 25 % pour les entreprises de plus de vingt salariés, et de 10 % pour les entreprises de moins de vingt salariés. De sorte que les entreprises sont franchement dissuadées d'y avoir recours. Du coup, les heures supplémentaires en France ne représentent que quatre heures en moyenne par salarié et par mois, ce qui est très peu. L'idée de Novelli consisterait donc à neutraliser le surcoût de 10 % sur les heures supplémentaires pour les entreprises de moins de vingt salariés et, le cas échéant si cela marche, de généraliser le principe à toutes les entreprises. Pour ce faire, on peut emprunter la voie d'un allégement des charges sociales pesant sur les heures supplémentaires, qu'il s'agisse des charges patronales ou salariales. Peu importe la technique retenue, ce qui compte, c'est d'agir avec une idée simple : le travail supplémentaire, dont tant de salariés ont besoin pour gagner plus, doit cesser d'être rationné par les entreprises. Il faut donc qu'il soit moins coûteux pour elles.

Après mûre réflexion, je pense qu'il n'y a pas d'autre issue possible. C'est une porte de sortie honorable pour les partenaires sociaux car elle repose évidemment sur le libre choix, des entreprises comme des salariés, de recourir ou non aux heures supplémentaires. C'est, enfin, la seule manière de libérer le pouvoir d'achat, en particulier pour les salariés modestes.

Mais on oppose alors l'objection ultime, celle qui est censée clore définitivement le débat : « Si vous augmentez le recours aux heures supplémentaires, vous freinez les embauches nouvelles, me dit un jour un responsable syndical. D'ailleurs la baisse du temps de travail, c'était d'abord pour créer des emplois, et ça a marché ! »

Ce raisonnement, que nous avons été pratiquement les seuls à appliquer en Europe à la fin des années 1990, est un terrible contresens. En réduisant la durée du travail en dessous de la moyenne européenne, en plafonnant le recours aux heures supplémentaires, on n'a pas initié de dynamique durable en matière de création d'emplois. Les créations d'emplois de 1999-2000 venaient conjoncturellement remplacer le vide provoqué dans un premier temps par la RTT. Puis, petit à petit, on s'est habitué dans beaucoup d'entreprises à produire moins et donc à embaucher moins. Bref, à se répartir la pénurie, sans souffle ni ambition. Résultat, lorsque la croissance économique s'est effondrée en 2003, le chômage a atteint 10 %.

Mon rêve ? Que l'économie et l'idéologie divorcent définitivement.

« L'emploi ne se décrète pas », « On n'a pas tout essayé contre le chômage » : il y a du vrai dans les deux formules

J'ai testé la formule Novelli auprès de nombreux interlocuteurs. Responsables syndicaux, entrepreneurs, élus, responsables associatifs ou politiques. Tous, avant même de parler du fond, m'ont prédit le même échec : « Tu n'y arriveras pas. C'est une bonne idée mais jamais les partenaires sociaux n'accepteront... Ils sont trop satisfaits du *statu quo*. »

Trop satisfaits ? Impossible de faire bouger les choses ? Je demande à voir.

Petit flash-back. Dimanche 29 mai 2005 au soir, le référendum vient d'être perdu et tout le monde est sous le choc. Le mardi 31 mai, Dominique de Villepin est nommé Premier ministre. Nous nous connaissons très bien, et depuis longtemps. De 1993 à 1995, nous étions l'un et l'autre directeurs de cabinet de deux des trois ministres chiraquiens du gouvernement Balladur. Lui, auprès d'Alain Juppé, moi, de Roger Romani, alors ministre en charge des Relations avec le Sénat. J'avais, à l'époque, 28 ans et lui dix de plus.

Depuis cette période difficile, nous ne nous étions jamais perdus de vue. Et en douze ans bien des occasions nous avaient amenés à nous retrouver et à batailler ensemble. Lors de la difficile campagne législative de 1997, par exemple, où il lui avait été tant reproché, bien injustement, la responsabilité exclusive de la dissolution alors que, je peux en témoigner, la file d'attente des députés d'alors suggérant cette décision, au motif que la gauche était supposée inapte (*sic*), était interminable. Puis dans les années d'opposition entre 1997 et 2002 où il m'avait associé à beaucoup de réflexions et d'actions conduites pour préparer les élections présidentielles au service de Jacques Chirac. Et surtout, il y a eu ces huit mois que nous avons passés ensemble au ministère de l'Intérieur entre avril et novembre 2004. C'est dans cette période d'étroite collaboration sur de nombreux dossiers, la décentralisation, l'intégration des populations récemment immigrées, la prévention de la délinquance, que nous avons vraiment beaucoup travaillé ensemble. J'ai découvert avec un grand plaisir son équipe, sa garde rapprochée, qu'il s'agisse de Pierre Mongin, son directeur de cabinet, ou de Bruno Le Maire, son conseiller le plus proche. Et puis j'avais apprécié l'élégance avec laquelle il m'avait encouragé à prendre mes fonctions comme ministre du Budget le 29 novembre 2004 le quittant ainsi pour d'autres charges dont il savait que je rêvais.

Je vis donc ces deux premiers jours du mois de juin 2005 en apesanteur. J'étais à la fois à peu près serein (on ne l'est jamais tout à fait) sur la perspective pour moi de conserver mon poste au Budget et au porte-parolat du gouvernement, voire de l'élargir – comme cela me paraissait être de bon sens – à la réforme de l'État, mais en même temps attentif à ce que jusqu'à la dernière minute tout se passe bien. Parce que le fil entre lui et moi n'avait jamais été coupé, malgré mon départ à Bercy, je me suis retrouvé naturellement dans son bureau avec son équipe dès le mercredi, avant même donc que le gouvernement ne soit tout à fait formé, pour préparer son premier journal de 20 heures de Premier ministre, le lendemain de sa nomination. La situation est d'ailleurs assez cocasse. Alors que nous sommes en train d'évoquer ensemble les messages indispensables de ce premier 20-heures, l'un des collaborateurs de Villepin entre dans le bureau avec une liste provisoire du nouveau gouvernement. Personne ne peut imaginer ce qui peut se passer dans son for intérieur lorsque l'on voit, à quelques centimètres, passer une liste de ministres sans pouvoir évidemment jeter le moindre coup d'œil dessus, histoire de vérifier que son nom est dedans...

Lors de cette réunion, je prends conscience, en écoutant le nouveau Premier ministre tester auprès de nous ses premiers messages, que sa détermination à fixer la baisse du chômage comme priorité essentielle de son gouvernement est totale. L'idée est simple, il faut absolument faire bouger les lignes, essayer ce qui n'a pas encore été fait. En résumé, il s'agit de passer la vitesse supérieure.

Le gouvernement est nommé le lendemain, dans une ambiance comparable à celle qui avait présidé aux nominations des gouvernements précédents auxquelles j'avais assisté. Soulagement pour ceux qui restent, larmes de joie pour les nouveaux venus, larmes de tristesse pour ceux qui partent. Je suis confirmé au Budget et au porte-parolat, je me vois attribuer en plus la réforme de l'État, ce qui est une grande première pour le ministre du Budget, et je garde en tête surtout cette détermination d'un Premier ministre qui n'a plus qu'une obsession : gagner la bataille de l'emploi.

Le premier week-end de juin s'inscrit dans ce contexte, et il fut essentiel puisque c'est là que fut définie, avec le discours de politique générale, la stratégie du nouveau Premier ministre.

Samedi 4 juin 2005, 10 heures du matin. Je franchis, avec Thierry Breton, la porte du bureau du nouveau Premier ministre Dominique de Villepin. Ce matin-là, c'est une réunion capitale qui va se tenir. Nous retrouvons dans le bureau du Premier ministre ses principaux conseillers, son directeur de cabinet, ainsi que Renaud Dutreil et Jean-Louis Borloo avec son ministre délégué, Gérard Larcher. Bercy d'un côté, Grenelle de l'autre, les Finances et les Affaires sociales : le couple infernal. Tous les gouvernements successifs ont vu s'opposer les deux tendances traditionnelles : l'économique et le social. Mais là, l'heure est grave ! Le nouveau gouvernement a connu un torrent de critiques dans la presse avant même d'avoir accompli ses premiers gestes : on voit pêle-mêle, dans les éditoriaux de la presse nationale comme de la presse régionale, s'exprimer le scepticisme, l'ironie, le fatalisme, la méfiance. Villepin a un rendez-vous essentiel avec le Parlement et avec les Français à l'occasion de sa déclaration de politique générale qui va marquer l'acte fondateur de son gouvernement. Ce discours, il doit le prononcer le mercredi 8 juin et l'objet principal de notre réunion de ce samedi est d'en déterminer la ligne politique. Dès le début de nos échanges, l'objectif est clair, Villepin nous le dit sans ambages :

« Je veux que les premiers temps de mon action soient marqués par la mobilisation totale du gouvernement sur l'emploi. C'est aujourd'hui notre plus grave échec. Je veux miser l'essentiel de ma crédibilité sur la réduction du chômage. Quelles sont vos propositions ? »

Jean-Louis Borloo vient de boucler un ambitieux plan de cohésion sociale essentiellement marqué par le lancement de contrats aidés dans le secteur public pour les demandeurs d'emploi exclus du système et par une réforme courageuse du service public de l'emploi. Il reste que cette action jusqu'à présent n'a jamais concerné le code du travail, ni l'organisation des relations entre les entrepreneurs et les salariés. C'est là-dessus que Thierry Breton et moi-même allons porter le fer. Thierry Breton le dit avec force :

« Jusqu'à présent, monsieur le Premier ministre, les politiques successives de lutte contre le chômage ont tourné autour de deux piliers. D'abord, la baisse des charges sociales au niveau des bas salaires pour diminuer le coût du travail. C'est une très bonne idée, mais ça représente 17 milliards d'euros pour le budget de l'État, c'est une somme considérable. C'est près du tiers du budget de l'enseignement scolaire et j'ajoute que cela finance à hauteur des trois quarts le coût des 35 heures. C'est donc une opération quasiment neutre. Le deuxième pilier, c'est le plan de Jean-Louis Borloo qui vise à remettre dans une dynamique d'activité des chômeurs de longue durée, par des emplois aidés dans le secteur public : c'est ce que l'on appelle le traitement social du chômage. Mais il reste un troisième pilier que la France n'a jamais essayé, c'est le traitement économique du chômage. Il faut que l'on arrive à trouver les moyens d'embaucher plus facilement dans notre pays. On ne peut pas continuer d'avoir 2 300 000 chômeurs d'un côté, soit 10 % de la population active, et de l'autre 500 000 offres d'emploi émanant d'entreprises qui ne trouvent pas de salariés à embaucher. C'est cette situation-là qui est intenable. »

J'enchaîne après lui :

« Thierry Breton a raison. Il y a au moins trois mesures sur lesquelles il faut agir. D'abord, cela concerne les seuils. Aujourd'hui, lorsque l'on est le patron d'une entreprise de neuf personnes, on n'embauche pas la dixième parce que les contraintes financières sont 20 % plus lourdes, *idem* lorsque l'on a dix-neuf salariés et que l'on doit passer au vingtième, *idem* quand on en a quarante-neuf et que l'on doit passer au cinquantième. Voilà des freins à l'embauche qui sont ridicules et qui ne reposent plus sur rien. Deuxième piste, la procédure d'embauche. Aujourd'hui pour un petit patron, remplir les formulaires d'embauche : contrat de travail, première feuille de paie, inscription à la Sécurité sociale, tout cela est extrêmement complexe et fait perdre un temps fou. Enfin, troisième point, c'est la nature du contrat de travail. Aujourd'hui licencier un salarié est devenu tellement contraignant qu'il n'y a plus suffisamment de patrons pour prendre le risque d'embaucher. C'est sans doute là-dessus que se font les plus grandes différences avec les pays qui ont réduit de manière drastique leur taux de chômage. C'est là-dessus qu'il faut travailler. »

Je sens le Premier ministre séduit par cette démarche. De l'autre côté de la table, Jean-Louis Borloo a sa mine des mauvais jours.

Ah, Jean-Louis Borloo ! Un personnage incroyable ! Dans ce monde politique si policé, si codifié, il détonne. Avec ses cheveux en bataille, ses lacets rarement attachés, ses manchettes de chemise jamais boutonnées, il pourrait donner le sentiment d'être là par hasard… C'est en réalité tout l'inverse. Derrière l'humour, l'évidente capacité de séduire – ou d'agacer – se cache un remarquable professionnel, parfait connaisseur de la comédie humaine dans ce qu'elle a de plus complexe. Au-delà du tempérament bouillonnant, le conduisant à passer des plus gros fous rires aux plus sombres colères, j'ai découvert un type attachant et généreux. Nos convictions sont bien souvent opposées et il m'arrive de craindre le pire lorsqu'il se lance dans l'élaboration de mesures sociales à guichets ouverts.

Et pourtant, ce jour-là, il nous a épatés. Dominique de Villepin prend la parole :

« Je voudrais vous proposer un nouveau type de contrat, le contrat nouvelle embauche. Ce sera un contrat à durée indéterminée avec une période probatoire de deux ans durant laquelle l'employeur pourra licencier sans motif réel et sérieux, ce qui sera un élément d'assouplissement majeur pour les très petites entreprises. »

C'était le tournant que nous attendions. Silence autour de la table... Je regarde Jean-Louis Borloo, persuadé qu'il va s'y opposer. Il affiche un large sourire :

« Banco ! » dit-il.

Sur ce coup-là, Borloo nous a tous bluffés. Il acceptait, après l'avoir longtemps refusée, une ouverture majeure : un assouplissement essentiel dans notre code du travail. Dans le même temps, Renaud Dutreil, nouveau ministre des PME, prend la parole pour s'engager à créer une procédure d'embauche très simplifiée en un seul document pour l'ensemble des employeurs susceptibles de recruter. Enfin vient la disposition sur les seuils où l'on propose ensemble de prendre en charge le coût financier de l'embauche pour l'entreprise de dix à vingt salariés. Le plan d'urgence pour l'emploi était né.

La vérité m'oblige à dire que la suite du weekend fut plus complexe. Quatre réunions s'étaient succédé tout au long de ces deux jours où nous avons eu le sentiment, avec Thierry Breton, que le pôle social avait un peu tendance à revenir en arrière en introduisant de nouvelles contraintes pour les employeurs. Tout notre travail a consisté à nous y opposer avec la plus grande fermeté pour simplifier au maximum le dispositif. Mais pour Villepin, l'essentiel était gagné. Il prenait là une mesure habile, car, en se limitant aux seules petites entreprises de moins de vingt salariés, elle ne bouleversait pas dans ses grandes lignes notre organisation du travail mais en réalité elle constituait une avancée capitale.

Continuons à faire bouger les lignes

Neuf mois ont passé depuis, la dynamique de réduction du chômage est désormais, on le voit, engagée et le Premier ministre en janvier 2006 a lancé la deuxième vague du plan emploi, avec notamment des dispositions sur mesure pour les jeunes.

Il faut continuer dans ce sens. Tout doit permettre de faire en sorte que les entreprises soient vraiment en situation de créer des emplois. Ni pour leur faire plaisir ni par idéologie, mais simplement par pragmatisme, parce que beaucoup d'entre elles n'aspirent qu'à se développer et donc à embaucher.

Première piste : évoluer sur la question du droit du travail. Aujourd'hui, à travers plusieurs de ses dispositions, le droit du travail peut devenir un droit contre l'emploi. Si l'on accepte de mettre l'idéologie de côté, on peut progresser à grands pas en modifiant les parties les plus rigides de ce code. Le droit du travail doit être un instrument de protection, mais en aucun cas un instrument d'exclusion. Aujourd'hui, notre droit du travail est parmi les plus contraignants. Il protège coûte que coûte les emplois existants au détriment des entreprises, des salariés et des embauches.

Au détriment des entreprises, car le droit de licenciement économique, très restrictif, les pousse à retarder les licenciements jusqu'à ce qu'il soit trop tard, jusqu'à la faillite.

Au détriment des salariés ensuite, puisque les entreprises recourent de façon abusive au licenciement pour motifs personnels afin de déguiser un licenciement économique, ce qui permet d'éviter les procédures.

Enfin au détriment de l'emploi, parce que les entreprises hésitent à embaucher pour une raison liée à la conjoncture. Elles savent qu'en cas de retournement il sera très difficile de mettre un terme au contrat, d'où une multiplication des contrats à durée déterminée (CDD) et des missions d'intérim. Aujourd'hui, 73 % des embauches se font en emplois précaires. J'ajoute que tout cela se traduit par une prolifération des procédures contentieuses, très longues, qui pénalisent l'entreprise et le salarié. Or, un CDD devient très vite anxiogène : au début, celui qui décroche son contrat est content, naturellement. Mais dès les premiers mois passés, le compte à rebours commence. Il devient difficile d'obtenir un logement en location et impossible de faire un emprunt. L'avenir se rétrécit comme un nœud coulant. Quel contraste avec celui qui est en contrat à durée indéterminée (CDI) !

Dans ce contexte, je voudrais ici exposer brièvement deux propositions.

D'abord, je crois que lorsque l'on expérimente quelque chose qui marche, il faut en tirer toutes les conséquences. Parmi les grands succès de la politique de Dominique de Villepin, il y a le contrat nouvelle embauche qui aujourd'hui fonctionne pour les entreprises de moins de vingt salariés et qui a montré une dynamique de création d'emplois considérable dans le secteur marchand. Or, le contrat nouvelle embauche est un CDI. Sa souplesse majeure tient au fait que la période d'essai de deux ans rassure l'entrepreneur qui, ne se voyant pas soumis à des contraintes trop lourdes dans les deux premières années, est plus facilement incité à embaucher. Et lorsque l'on regarde ce qui se passe dans les autres économies occidentales, on constate que chaque fois qu'il y a un allégement des contraintes sur les licenciements, les embauches se multiplient de manière automatique. Je propose donc que les contrats nouvelle embauche soient généralisés à toutes les entreprises (sous certaines conditions) ou au moins étendus aux entreprises comptant jusqu'à deux cents salariés, ce qui nous amènerait naturellement à réfléchir à la suppression des CDD, dont je viens de dire combien j'en constatais le caractère précaire et très anxiogène pour des millions de salariés. On tendrait ainsi vers un contrat à la fois plus souple et plus protecteur, puisque chacun se souvient que la contrepartie d'un assouplissement sur la période d'essai de deux ans au profit de l'employeur est une augmentation des indemnités pour ceux qui seraient alors victimes d'un licenciement. J'ajoute que cela permettrait de mettre fin aux inégalités découlant des différents contrats – comme par exemple pour trouver un logement. Seul perdurerait l'intérim qui remplit une mission bien spécifique.

Ma seconde proposition va encore plus loin. Elle consiste à alléger considérablement le contrôle juridique du licenciement économique pour instaurer, en compensation, une cotisation sur les licenciements payée par les entreprises à l'assurance chômage.

Quel est le problème ? Aujourd'hui personne n'est satisfait du système. Un chef d'entreprise me l'expliquait récemment, au Salon des entrepreneurs. Je venais de faire à la tribune l'éloge de tout ce que faisait le gouvernement pour diminuer le coût du travail et permettre aux entreprises de créer de l'emploi :

« Vous savez, monsieur Copé, je suis le premier à vouloir embaucher davantage, mais moi, ce qui m'arrête, je vais vous le dire. Ce n'est pas le coût du travail, ce ne sont pas les charges, ce ne sont même pas les 35 heures ! La seule chose qui m'arrête, c'est que si j'embauche du monde, je prends un risque énorme. Si jamais les affaires vont moins bien et que je doive licencier, alors ce sera le parcours du combattant ! Je suis bon pour aller devant le juge, payer des indemnités, bref, je me colle un maximum d'ennuis. Je ne peux pas me permettre cela, c'est toute l'entreprise que je mettrais en péril ! »

Mon interlocuteur avait raison. Toutes les entreprises aujourd'hui se plaignent de la complexité et de l'incertitude juridiques liées aux règles en vigueur (qu'il s'agisse du contrôle par le juge du licenciement économique, mais aussi du rôle des prud'hommes, souvent totalement décalé par rapport aux réalités économiques). Cette incertitude est évidemment un frein considérable à l'embauche du point de vue de l'employeur.

De leur côté, les syndicats insistent sur le coût social du chômage : en cas de licenciements massifs (à la suite de délocalisations, par exemple), des territoires, des bassins d'emploi peuvent se trouver décimés. Or, le système actuel d'assurance chômage ne prend en compte que le coût individuel, et non le coût social du chômage.

L'objectif serait donc de passer d'une logique de responsabilité uniquement juridique, qui pénalise tout le monde, à une responsabilité financière et économique. On pourrait ainsi mettre en place un système dans lequel on responsabilise l'entreprise en la soumettant à une taxe beaucoup plus importante sur ses licenciements. En contrepartie, on allège très fortement les formalités administratives et judiciaires du licenciement économique. Ainsi tout licenciement autre que pour faute sérieuse serait, par définition, un licenciement économique et donc adossé sur une forte taxation. Mais, en échange, le produit de cette taxe servirait à financer une partie des ressources de l'assurance chômage, et pourrait alimenter un fonds « antichoc » pour traiter les effets des délocalisations à travers des actions de formation et de reconversion bien spécifiques. On le voit, en dehors des motifs pour faute sérieuse, les licenciements exigeraient d'abord pour les entreprises une indemnisation financière, à charge pour la nation d'assurer grâce à cette surtaxation la reconversion et l'accompagnement personnalisé du salarié qui en serait victime.

Contrairement à ce que l'on pourrait penser, une telle mesure n'accroîtra pas la précarité. Je le répète, la précarité vient aujourd'hui du fait que les lourdeurs à l'embauche sont telles que les entreprises n'embauchent pas. C'est à cela qu'il faut remédier.

Ayant risqué ces deux propositions, j'entends déjà, à peine l'encre de ces pages séchée, les cris d'orfraie poussés par ceux qui verront ainsi le retour de « l'ultralibéralisme ». Comment leur dire, aux uns et aux autres, que cela n'a rien à voir ? Que je n'ai pas relu les meilleures pages du père du libéralisme, Adam Smith, qui écrivait au XVIIIe siècle. Comment leur dire que la seule chose qui me préoccupe, c'est, à travers ce que j'observe dans ma ville de Meaux, la manière de faciliter le retour à l'emploi de centaines de milliers de

Français qui aujourd'hui ne savent plus comment s'y prendre et ne voient aucune perspective parce que personne ne leur en laisse la possibilité ?

Comment leur dire enfin que, dans notre pays désormais, à force de mettre des carcans à toutes les étapes du marché du travail, au nom d'idéologies, il y a d'un côté ceux qui ont un emploi protégé, statufié, et de l'autre ceux qui, dans l'incertitude et l'anxiété, « bricolent », dans tous les sens du terme ? Je veux aussi penser à ceux-là.

Le travail doit payer plus que l'assistance

Au mois de juillet 2005, à la sortie d'un Conseil des ministres, Dominique de Villepin me prend à part :

« Tu devrais travailler avec Breton et Borloo sur la question du RMI, me dit-il. On ne cesse de nous dire depuis longtemps que les revenus de l'assistance paient mieux que les revenus du travail au niveau du SMIC ! Moi, je veux bien tout entendre mais j'aimerais surtout qu'on me le démontre. Travaille là-dessus avec eux et faites-moi des propositions. »

La commande était précise. Et comme j'avais été frappé de voir qu'il avait tenu bon sur le contrat nouvelle embauche alors même que les pressions pour y renoncer avaient été fortes, j'avais quelques bonnes raisons de penser que je pouvais aussi travailler sans tabou sur les minima sociaux.

Cette idée traînait dans nos têtes depuis des années. Rien de tel pour se faire applaudir dans un meeting de l'UMP que de crier haut et fort qu'il n'est pas normal que dans notre pays « quand on est au RMI on gagne plus que quand on est au SMIC ». En même temps, je n'avais jamais très bien saisi quel pouvait être le raisonnement. En effet, le SMIC est à 1 000 euros par mois et le RMI à 450 euros pour un célibataire, soit deux fois moins. Comment pouvait-on alors, même en travaillant au noir, faire la différence au point de ne pas être incité à reprendre un travail en bénéficiant de la protection sociale qui va avec ?

Rien de tel qu'un brutal retour au terrain pour comprendre le problème. L'après-midi, je tenais ma permanence hebdomadaire de quartier à Meaux. Une mère de famille, élevant seule ses deux enfants, m'en a fait la démonstration en me rendant visite.

« Monsieur Copé, me dit-elle, je voudrais que vous m'aidiez à trouver un logement social à Meaux parce que mon mari m'a quittée et que je dois élever seule mes deux enfants et partir d'urgence du domicile conjugal. »

Ce genre de situation est toujours très douloureux et je le considère comme prioritaire.

« Bien sûr, madame. Est-ce que vous travaillez ?

— Travailler ? me répond-elle un peu surprise. Ben non. Comment voulez-vous que je travaille avec deux enfants ?

— Oui, mais votre ex-mari, il travaille ?

— Non, non, me dit-elle. Nous sommes tous les deux au RMI. Mais on s'en sort, vous savez. »

Là, c'est sûr, on ne pouvait pas mieux illustrer la commande passée par le chef le matin. Le hasard avait, cette fois, bien fait les choses.

« Racontez-moi ça. Comment vous la gagnez, votre vie ? »

Et la dame m'explique tout.

« Mais c'est très simple. J'ai le RMI, j'ai la CMU [Couverture maladie universelle], la CMU complémentaire, je ne paie pas d'impôts locaux et je bénéficie de tous les avantages que vous m'avez donnés avec la mairie de Meaux : cantine gratuite, transports scolaires gratuits, garde des enfants gratuite... » Elle marque un temps. « Et puis je fais aussi quelques heures de ménage... Mais vous savez, reprend-elle, j'ai essayé de trouver un travail à temps partiel. Et je me suis rendu compte que si j'acceptais je perdais tous les avantages que je vous ai dits y compris ceux de la mairie, qu'en plus il fallait que je paie ma redevance télé. Alors, en fait, en travaillant, je perds de l'argent. C'est déjà dur, donc je ne vais pas en plus perdre de l'argent et devoir trouver quelqu'un pour garder mes enfants. »

Mon administrée venait de m'apporter en direct le descriptif du principal problème social français.

Le soir même, je mobilise mon équipe de Bercy en lui demandant de travailler étroitement avec les collaborateurs de Thierry Breton et de Jean-Louis Borloo pour proposer des solutions innovantes, une « rupture », comme dirait Nicolas Sarkozy.

L'été a été fructueux. À la fin du mois d'août, Thierry Breton et moi-même allons soumettre un dispositif répondant à la commande du Premier ministre. Jean-Louis Borloo est présent avec Gérard Larcher. Configuration classique, rapport de force habituel, la pièce peut commencer. Thierry Breton ouvre le bal :

« Notre idée consiste à faire une opération-vérité aux yeux des Français en affichant clairement la couleur. Aujourd'hui, un couple où les deux parents sont au RMI avec deux enfants gagne 1 352 euros et le même couple où l'un des conjoints travaille au niveau du SMIC 1 370 euros, soit... quasiment la même chose ! Dans ces conditions, on comprend que certains fassent le choix de rester dans l'inactivité plutôt que de reprendre un travail : c'est mieux payé. »

J'enchaîne :

« La deuxième idée forte est d'organiser l'accompagnement des RMistes vers le retour à l'emploi. Le RMI ne peut pas être un statut, une situation définitive, mais plutôt une situation temporaire à condition naturellement d'y mettre les moyens. D'où l'idée d'astreindre désormais les RMistes à suivre obligatoirement la méthode d'accompagnement proposée par des rendez-vous réguliers à l'ANPE, suivie du même type de conseils, voire de sanctions, que pour les demandeurs d'emploi classiques. »

Je vois au visage sombre de Borloo qu'il n'a pas spontanément prévu de nous soutenir sur ce projet :

« Je suis tout à fait d'accord avec vous sur le principe...

— Holà ! dit Villepin en rigolant, ça, c'est mauvais signe ! »

Il ne croyait pas si bien dire. Le ministre des Affaires sociales égrène alors toute la liste des risques que nous encourons en lançant un tel dispositif.

« Un risque technique d'abord, dit Borloo. Le RMI est géré par les départements. Que ferons-nous si certains départements ne veulent pas coopérer ? Et *quid* de ceux qui sont non pas au RMI mais à l'ASS [Allocation spécifique de solidarité] pour le chômage de longue durée et qui sont, eux, gérés par le ministère du Travail ? Et les mères de famille qui touchent l'allocation de parent isolé [API], gérées par le ministère de la Sécurité sociale ? »

Breton reprend la balle au bond :

« Jean-Louis, faisons les comptes. En France, nous avons 1,3 million de RMistes. On y ajoute

700 000 Français qui touchent, pour seule ressource, l'API ou l'ASS, soit au total deux millions de personnes qui reçoivent une allocation d'assistance. Avec leurs familles, cela fait 10 % de la population française. »

J'enchaîne, passablement agacé :

« Halte au feu ! Un jour nous ne pourrons plus payer. Créons alors une seule allocation et proposons aux départements, qui sont plus proches du terrain que nos lointains ministères, d'en assumer pleinement la gestion pour accompagner chacune de ces personnes vers le retour à l'activité. »

Borloo s'énerve :

« Vous êtes fous ! Jamais les départements ne suivront. Et politiquement, ce type de démarche est très difficile à expliquer aux titulaires de minima sociaux qui vont penser que l'État les lâche. »

Le débat se prolonge entre nous à coups de chiffres, d'arguments, de témoignages. Dominique de Villepin, comme à son habitude, laisse la discussion se dérouler, écoutant chacun, questionnant l'un ou l'autre, cherchant à travers nos échanges à anticiper les critiques qu'il aura, lui, à affronter une fois la décision prise. Car cette question si difficile du RMI, c'est lui qui l'a suscitée en sollicitant ses ministres un mois plus tôt. Pour comprendre, pour tester, pour décider.

« En France, dit-il, si on continue avec un système où celui qui prend un travail au SMIC perd de l'argent par rapport à sa situation au RMI, on ne tiendra pas longtemps. On va donc, déjà pour le prochain budget, augmenter fortement la prime pour l'emploi, qui est versée à ceux qui reprennent un travail au niveau du SMIC, pour marquer enfin une vraie différence et faire en sorte que l'on puisse gagner de l'argent dans le passage du RMI au SMIC. »

Il lève alors la séance, sans avoir coché toutes les cases.

Mais lors de l'importante conférence de presse du 1er septembre où il présente la grande réforme fiscale que j'évoquerai plus loin, il annonce qu'il confie à deux présidents de conseil général, sénateurs, le soin d'élaborer un dispositif de retour à l'emploi pour les titulaires de minima sociaux. Ainsi s'engage un processus visant à faire vraiment du retour au travail des personnes aujourd'hui exclues un élément essentiel dans la lutte contre le chômage.

Car il s'agit bien d'un choix de société. Entre un taux de chômage à 10 %, comme la France en connaissait il y a un an, ou un taux de chômage à 5 %, comme celui de la Grande-Bretagne, il y a de quoi progresser dans notre pays, tout en conservant notre système social. Mais à condition évidemment que ce système retrouve son esprit originel, loin des excès de l'assistanat qui troublent de nombreux Français, attachés au devoir de solidarité nationale, et en même temps hostiles aux abus de toute nature.

Voilà pourquoi je propose d'aller au bout de cette réflexion. Le fond du problème repose sur le fait que le RMI, qui était à l'origine un filet de sûreté pour les plus démunis, s'est progressivement transformé en un véritable statut. Un statut qui ouvre droit à de multiples avantages et qui finit, une fois cumulées toutes les aides, par devenir aussi rémunérateur que le SMIC. Prenons le cas d'une mère isolée : au RMI et à l'API (soit 536 euros par mois) viennent s'ajouter les allocations logement (364 euros), la CMU (51 euros), les aides locales diverses (gratuité des transports scolaires, de la cantine, pour un total de 314 euros), l'allocation de rentrée scolaire, la prime de Noël... soit un total de

1 300 euros mensuels. Si elle reprend un travail à mi-temps, elle perdra une grande partie de ces aides, et au final elle touchera 1 339 euros par mois, soit quasiment la même chose qu'en restant au RMI. La seule façon de sortir de ce système absurde, qui consiste à avoir finalement le même revenu selon que l'on travaille ou que l'on ne travaille pas, c'est de rendre au RMI sa fonction première : celle d'un revenu minimum qui permette de vivre, le temps de retrouver un travail.

Pour cela, je propose un système qui soit plus clair dans son fonctionnement, et surtout entièrement tourné vers la reprise d'un emploi. Plus de simplicité d'abord, avec la création d'une allocation unique qui regroupe l'ensemble des minima sociaux (RMI, ASS, API...), et dont la gestion serait entièrement confiée aux départements. Plus d'efficacité ensuite, avec la mise en place d'un suivi personnalisé pour toute personne bénéficiant de cette allocation unique : il s'agirait là d'un véritable coaching vers un retour rapide à l'emploi. L'idée serait donc de tout faire pour que cette situation où l'on touche les minima sociaux ne soit que transitoire. En clair, si on joue le jeu du retour à l'emploi, en se présentant aux rendez-vous, en cherchant réellement du travail, alors on touche à plein cette allocation et, très rapidement, on sort du système pour revenir dans le monde du travail. En revanche, ceux qui ne jouent pas le jeu s'exposent naturellement à être sanctionnés par la perte progressive de leurs allocations.

C'est là, je crois, le bon équilibre entre des droits – droit à un revenu minimum, droit à un accompagnement vers le retour à l'emploi – et des devoirs – devoir de rechercher activement un travail et devoir de renoncer à vivre éternellement des revenus de la solidarité et de l'assistance.

10.

Les Français et leurs impôts

Les Français et leurs impôts : comment sortir des malentendus ?

Vendredi 25 février 2005, Hervé Gaymard annonce aux Français, au journal de 20 heures, qu'il a décidé de démissionner de ses fonctions de ministre de l'Économie et des Finances. Le lundi suivant cette triste journée, mon directeur de cabinet entre dans mon bureau, l'air grave :

« Monsieur le ministre, nous voilà confrontés à un problème majeur.

— Que se passe-t-il ? » lui dis-je.

Des problèmes « majeurs », dans mon métier, ça arrive tous les jours, tout le temps. Autant dire que celui-là, avant même que je ne le connaisse, me paraissait pouvoir trouver, quoi qu'il arrive, une issue, surtout après les épreuves que nous venions de traverser.

« Voilà, monsieur le ministre, vous avez cosigné avec Hervé Gaymard une lettre à l'attention de 30 millions de contribuables qui vont faire leur déclaration de revenus. Dans cette lettre, vous expliquez aux Français la destination de l'impôt sur les revenus avec, en particulier, des formules telles que “chaque euro dépensé par l'État sera un euro utile”... »

Mon précieux collaborateur n'avait pas besoin de m'en dire beaucoup plus. J'avais compris. C'était effectivement un problème sérieux !

Comment expliquer aux Français, alors qu'Hervé Gaymard venait de démissionner pour avoir été mis en cause pour la location de son appartement de fonction et que j'avais moi-même dû affronter une tourmente médiatique, que nous avions vocation à gérer chaque euro dépensé par l'État de manière utile ? Même si tout cela était hors de proportion, ce genre de courrier ressemblait fort à une sacrée provocation à l'égard des contribuables.

Après un temps d'hésitation, je reprends :

« Mais peut-être devrions-nous faire une nouvelle lettre, d'autant que Thierry Breton vient de prendre ses fonctions à la suite d'Hervé. Il serait donc assez logique d'adresser une nouvelle lettre aux Français avec la déclaration des revenus.

— C'est trop tard, les lettres sont déjà jointes aux formulaires de déclaration, le tout emballé dans un film plastifié et stocké dans les hangars habituels. Il y a 30 millions d'exemplaires, monsieur le ministre, et le coût d'une telle opération – si on devait retirer chacune des feuilles – ne représente pas moins de 10 millions d'euros avec en plus, bien sûr, le risque d'un décalage massif de délai sur la date limite de déclaration. Quelles sont vos consignes ? »

Le choix était clair : soit ne rien changer et affronter le ridicule et la grogne légitime de contribuables qui n'allaient pas manquer de nous écrire en grand nombre pour exprimer leur colère ; soit dépenser à nouveau 10 millions d'euros, en pure perte, pour réparer les dégâts. Je m'en ouvre brièvement à Thierry Breton et nous convenons, très vite ensemble, qu'il n'était pas question de remettre en cause le lancement de la campagne de déclaration pour l'impôt sur les revenus. Tant pis pour le courrier, on assume.

On a peine à imaginer, quand on est sorti du contexte, combien peut être vive la rage d'un certain nombre de nos compatriotes. Les courriers que j'ai été amené à lire, par leur virulence, m'ont laissé parfois rêveur... Je les ai tous lus. Un certain nombre d'entre eux étaient anonymes, mais d'autres étaient signés et leurs auteurs allaient jusqu'à mettre leurs coordonnées. Je lis systématiquement tous les jours la totalité du courrier qui m'est adressé. C'est une habitude que j'ai prise depuis une dizaine d'années, depuis que je suis maire. Les lettres offrent toujours un reflet très intéressant de la température du moment.

J'ai pris le temps, cette fois, d'appeler personnellement chacun de ceux qui avaient envoyé ces lettres d'injures en laissant leur nom. Chaque fois, l'échange était de même nature. Beaucoup des gens qui m'écrivaient connaissaient eux-mêmes des problèmes d'argent. Ils étaient la plupart du temps ébahis que leur ministre les appelle personnellement et pensaient même parfois au début à un canular ! Et finalement, le ton de la conversation s'apaisait immanquablement, sans oublier ceux qui terminaient en s'excusant de m'avoir dérangé ou qui remerciaient pour la conversation. Beaucoup m'avouaient qu'ils écrivaient simplement pour soulager leur colère, persuadés que la lettre ne m'arriverait pas. Drôle de pays où l'on pense que les ministres sont des concepts théoriques, désarticulés, loin du temps réel et jamais destinataires des courriers que les Français leur envoient. Drôle de pays où l'on pense que lorsqu'on adresse des lettres d'injures à un ministre on ne l'atteint pas, on ne le blesse pas.

Certes, beaucoup de Français ont été indignés par ces affaires d'appartements de fonction des ministres. Mais, bien au-delà, les Français ont toujours le sentiment que l'État les arnaque, que l'argent public est gaspillé et qu'ils n'en ont pas pour leurs impôts. Et il est vrai que le regard porté par nos concitoyens sur notre politique fiscale, quelles que soient les décisions que nous pouvons être amenés à prendre, demeure souvent sévère. Depuis 2002, le gouvernement a baissé les impôts de 15 milliards d'euros, dont 10 milliards sur le seul impôt sur le revenu. C'est un progrès économique énorme, d'autant qu'il a été acquis sur une période de faible croissance. Et pour autant qui en a vraiment conscience ? Quand le gouvernement décide une hausse d'impôts, elle se voit immédiatement sur la feuille de paie, dans le pouvoir d'achat ou sur le compte bancaire à la fin du mois. Les baisses, en revanche, on les oublie tout de suite.

Avec le recul, je pense que notre politique de baisse d'impôts sur le revenu était indispensable mais a souffert d'une vraie faiblesse. Nous n'avons pas assez remis cette baisse d'impôts sur les revenus en perspective avec l'ensemble de notre politique de finances publiques, de sorte que nous avons, sans le vouloir naturellement, ouvert plusieurs fronts en même temps.

À droite d'abord, on a donné le sentiment que nos baisses d'impôts étaient financées sur du déficit supplémentaire. C'était faux, puisque depuis 2003 nous avons réduit notre déficit budgétaire dans le même temps. Mais compte tenu de l'ampleur des déficits accumulés depuis vingt ans, cela suscitait la polémique. À gauche ensuite, le Parti socialiste et le Parti communiste n'ont cessé d'expliquer que baisser l'impôt sur les revenus, c'était baisser l'impôt des riches.

En réalité, c'est grâce à ces baisses d'impôts que le pouvoir d'achat a pu tenir malgré les hausses successives du pétrole et le ralentissement de la croissance. C'est en partie grâce à ces baisses d'impôts, sur les revenus notamment, ajoutées à l'augmentation du SMIC, que le niveau de la consommation intérieure a été pratiquement sans cesse positif durant ces trois dernières années. Il n'empêche, le mal était fait.

De manière générale, toute réforme fiscale est difficile à mener parce qu'elle expose les gouvernants à trois types de risque.

Le premier risque consiste à ne pas afficher clairement des objectifs compréhensibles par tous. C'est le cas lorsque l'on crée des crédits d'impôts pour aider certains secteurs (la recherche ou l'audiovisuel par exemple), ou lorsque l'on allège ponctuellement des charges sur certains autres (l'hôtellerie), ou enfin lorsque l'on encourage des investissements ciblés par des abattements ou des dégrèvements. La plupart du temps, les secteurs qui en bénéficient l'oublient et les autres ne se sentent pas concernés et considèrent que l'on ne fait rien.

Le deuxième risque, c'est la tentation du « Grand Soir fiscal », cette idée selon laquelle un gouvernement pourrait bouleverser en profondeur le paysage fiscal sans que l'on sache très bien comment seront financées toutes ces évolutions. Ce type d'initiative se heurte généralement à l'incrédulité mais aussi à l'anxiété de ceux qui craignent de devoir payer pour les autres.

Le troisième risque, c'est finalement l'immobilisme. À force de ne rien faire pour éviter les deux excès précédents, le pays ne surveille pas suffisamment sa compétitivité fiscale par rapport aux pays voisins et décroche sans même s'en apercevoir. Petit à petit, il perd de son attractivité et voit les investisseurs français et étrangers se détourner vers d'autres horizons.

Derrière tout cela se cachent des débats éternels. Faut-il que l'impôt réponde d'abord à un souci de justice et de solidarité ? Ou plutôt à un souci de compétitivité par rapport aux autres pays ? Sa vocation première doit-elle être de financer les services publics ou de servir de redistribution pour les plus modestes ? Autant de questions qui sont au cœur du débat politique. Mais une fois sortie des débats, la vocation du métier politique est de décider. C'était très exactement le dilemme auquel était confronté le nouveau Premier ministre en juin 2005 alors qu'il venait de prendre ses fonctions.

« Vous avez huit jours »

Août 2005. Nous nous trouvons, Jean-Louis Borloo, Thierry Breton et moi, dans le bureau du Premier ministre – une nouvelle fois !

Au menu du jour, la politique du logement et plus précisément la demande qu'a formulée le ministre de la Cohésion sociale, pleinement dans son rôle, d'augmenter l'APL, cette allocation personnalisée au logement versée aux familles modestes pour les aider à payer leurs loyers dans les logements sociaux.

« Vous comprenez, nous dit Jean-Louis Borloo, je vais me rendre à un congrès très important de l'union

HLM d'ici à quelques semaines, l'APL n'a pas été revalorisée depuis deux ans. Je suis obligé d'afficher une augmentation sinon personne n'approuvera la politique que nous menons dans ce secteur si difficile du logement où la crise fait rage. »

Sur la tactique, Jean-Louis Borloo a évidemment raison. Il reste que ce genre de proposition me paraît en décalage avec ce que l'on pourrait faire et j'assume mon point de vue :

« Jean-Louis, cela pose un énorme problème. Cette augmentation va coûter 100 millions d'euros au budget de l'État pour représenter sur chaque quittance de loyer l'équivalent de 3 euros par personne. C'est le type même de mesure dont l'affichage national est fort et dont le résultat concret est hyper faible ! J'ajoute que l'APL est, pour l'essentiel, versée aux familles très modestes – dont un pourcentage considérable reçoit les minima sociaux – qui la perdent dès qu'elles reprennent un travail et accèdent à des niveaux de revenus plus élevés. Donc, on encourage encore le positionnement de l'assistance par rapport au travail. Il va bien falloir en sortir ! »

Cette réflexion s'inscrivait naturellement dans les travaux que nous commencions à mener autour du Premier ministre sur la stimulation du retour au travail dont j'ai parlé plus haut. Mais j'avais été très frappé de voir, au fil de la discussion, que Dominique de Villepin était très sensible à ma thèse. Là où, traditionnellement, les chefs de gouvernement ont tendance à approuver et à reconduire automatiquement les augmentations des allocations, comme l'APL, je le sentais pour une fois insatisfait. Il voyait bien que ce système était stérile dans la durée.

Jean-Louis Borloo d'ailleurs pensait exactement la même chose mais constatait comme nous que nos interlocuteurs du monde HLM ne se posaient plus depuis longtemps ce type de question et qu'ils attendaient du grain à moudre. À l'issue de la réunion, le Premier ministre nous prend à part, Thierry Breton et moi, et nous demande de travailler sur une grande réforme fiscale. Et là, il nous indique ses consignes :

« Vous travaillez sans tabou mais, je vous préviens, je veux une réforme qui soit juste : la justice et l'équilibre sont les maîtres mots de la ligne gouvernementale. Vous devez impérativement vous y tenir. »

Thierry Breton et moi enchaînons d'une même voix afin de nous assurer qu'il nous donne le feu vert pour enrayer notre perte de compétitivité fiscale par rapport aux autres pays – sujet sur lequel tous les économistes nous alertent depuis des années.

« Pas de problème, foncez ! Vous avez huit jours », nous dit le Premier ministre.

En fait, Villepin avait une idée déjà très précise de ce qu'il voulait et nous l'avait mise sur papier. Il attendait de Thierry Breton et moi une copie remplie sur les principes suivants :

1. Toutes nos baisses d'impôts doivent servir à l'emploi.

2. Il y faut trois principes : justice (ça on l'avait bien compris !), simplification et compétitivité.

3. Un lien doit unir la réforme sur les minima sociaux et l'idée que l'on puisse faire une vraie rupture entre les revenus d'assistance et les revenus du travail au niveau du SMIC.

4. Il s'agit d'imaginer un plafonnement de l'ensemble des impositions par rapport aux revenus, his-

toire d'afficher, vis-à-vis des investisseurs étrangers, que la France renoue avec l'attractivité et la compétitivité.

Thierry Breton et moi mobilisons alors nos équipes et travaillons d'arrache-pied, conscients, l'un comme l'autre, que ce genre d'opportunité ne repassera pas deux fois.

Huit jours après, nous revenons avec notre copie. Tout y était. Pour la justice sociale, nous proposions un doublement de la prime pour l'emploi versée aux salariés qui gagnent le SMIC, afin d'introduire une vraie rupture avec ceux qui sont au RMI et bénéficient d'avantages connexes. Et nous proposions une refonte complète du barème de l'impôt sur les revenus bénéficiant à tous les Français imposables mais avec un bénéfice en pourcentage plus important pour ceux qui gagnent de 1 000 à 3 500 euros par mois et par personne. Pour la simplification, nous proposions un barème de l'impôt sur les revenus qui passait de 6 à 4 taux. Et surtout, pour la compétitivité, la tranche supérieure de l'impôt sur le revenu passait de 48 à 40 %, moyennant la suppression de cet abattement de 20 % qui existe pour tous les revenus salariaux. On affichait ainsi une vérité des prix. Enfin, produit phare du système, nous arrivions fièrement avec notre plafonnement à 60 % d'impôts : désormais aucun contribuable ne pourrait plus payer plus de 60 % de ses revenus en impôts – tous impôts confondus (impôt sur le revenu, impôt de solidarité sur la fortune, impôts locaux).

Rétrospectivement, je peux l'avouer, Breton et moi étions franchement stressés. Voilà des années que les ministres successifs de Bercy avaient échoué dans leur capacité à promouvoir des réformes fiscales allant dans ce sens. Quant au seul fait d'introduire l'impôt de solidarité sur la fortune (ISF), même par voie détournée, dans le plafonnement à 60 % dans le débat public, c'était un risque, vu l'ambiance du moment.

En fait, le Premier ministre savait déjà par avance tout ce que nous lui annoncions. Nos équipes avaient travaillé avec la sienne en toute transparence et les allers et retours avaient été nombreux entre Matignon et Bercy. Villepin retrouvait donc largement la commande passée.

Je le vois cocher progressivement, au fil de l'énumération de nos propositions, toutes les cases. Puis il marque un temps, avant de déclarer :

« Vous avez respecté la commande, mais vous avez oublié quelque chose. »

Nous le regardons un peu surpris. Il reprend :

« Mais oui, vous avez plafonné à 60 % les impositions, mais vous avez oublié de plafonner les niches fiscales qui garantissent mon exigence de justice. »

Les niches fiscales ? J'avoue que nous les avions complètement oubliées.

Les niches, ce sont les innombrables petites planques que les gouvernements successifs ont créées dans notre système fiscal pour améliorer, dans des conditions parfois considérables, la défiscalisation, c'est-à-dire la capacité de réduire la part d'impôts à payer. Ainsi quand en France on a les moyens d'être bien conseillé par des experts, généralement issus de la Direction générale des impôts et passés dans le privé, on peut réduire dans des proportions parfois colossales son revenu imposable en investissant dans les sociétés de cinéma, dans le locatif immobilier, en outre-mer, dans le patrimoine classé...

Breton rigole et lance :

« Mais, Dominique, dans chaque niche il y a une multitude de chiens ! Tu te sens prêt à ouvrir en même temps tous les fronts de ceux qui vont hurler pour expliquer qu'on tue leur secteur protégé ? »

Villepin confirme :

« On ira aussi loin qu'on pourra. On verra bien ! »

L'histoire a montré combien la question des niches était effectivement compliquée. À force d'accumuler des exceptions, le dispositif était devenu tellement complexe que le Conseil constitutionnel l'a annulé, quelques mois plus tard, nous contraignant à le revoir.

Mais, le soir même, le plafonnement des niches fiscales était intégré. Nous étions le 28 août 2005. Villepin s'enferme avec son équipe pendant les deux jours qui suivent et fait une conférence de presse le 1er septembre qui a constitué un sacré coup de tonnerre politique alors qu'il ouvrait son centième jour d'exercice à Matignon. La presse, qui ne l'avait vraiment pas ménagé depuis sa prise de fonctions, fut même obligée d'en dire quelques mots aimables. Lors de cette conférence de presse, il annonçait pour les trois mois à venir l'ensemble de la réforme fiscale et la préparation de la réforme sur le RMI et les minima sociaux. Autant dire que les différents colloques et universités d'été des partis, et en particulier du nôtre, en cette rentrée de septembre, parurent relativement ternes et réduits à des affrontements politiciens à côté de ce que le Premier ministre avait annoncé pour le programme de rentrée.

Bercy est une formidable machine au service de l'État. On en a souvent de l'extérieur une vision fausse. On réduit le ministère des Finances français à un monstre technocratique, présent uniquement pour préserver une doctrine et des pratiques opaques et conservatrices, et pour dire non à toute proposition nouvelle.

C'est faux. Tout dépend, en réalité, de la manière dont est organisé le fonctionnement gouvernemental. Lorsque le ministre de l'Économie et son ministre du Budget fonctionnent en tandem, cela devient une formidable machine de propositions et de conseils au service du Premier ministre. Nous avons les collaborateurs et le savoir-faire pour proposer et mettre en œuvre, en appui avec nos relais sur le terrain. Les autres ministères d'ailleurs le savent et souvent le redoutent. Lorsque l'on est ministre du Budget, on a accès au mode de fonctionnement de tous les autres ministères en termes de dépenses et de recettes. C'est donc une place idéale pour protéger mais aussi pour lancer des propositions et agir. Villepin l'a très vite compris et a bénéficié d'une configuration politique favorable.

Néanmoins, une fois passée la conférence de presse du 1er septembre, tout restait à faire. Outre l'opposition, naturellement déchaînée contre ce projet aussitôt présenté comme étant une réforme en faveur des riches, la majorité UMP, sidérée de voir que l'on mettait en œuvre des propositions que beaucoup de ses membres formulaient depuis des années, était peu désireuse de nous laisser facilement la voie libre sans y contribuer par ses amendements. En fait, sur un sujet comme celui-là la bataille parlementaire est à la fois la plus passionnante et la plus difficile. Et c'est évidemment celle-là qu'il faut remporter.

À l'Assemblée, ces dernières années, la discussion budgétaire de la première partie de la loi de finances – la partie des recettes – répond toujours au même rituel. Après la séquence très ennuyeuse de la discussion générale qui voit pendant des heures défiler à la tribune des députés s'exprimant chacun entre cinq et dix minutes (cette discussion générale avait cumulé pas moins de vingt-cinq heures), c'est dans un hémicycle composé en tout et pour tout d'une trentaine de députés – tous groupes politiques confondus – que les choses sérieuses commencent. On retrouve, à cette occasion, les acteurs traditionnels. Comme ministre du Budget, je siège sans discontinuer, profitant des rares suspensions de séance pour améliorer la circulation de mes jambes, avec à côté de moi le président de la commission des Finances, Pierre Méhaignerie, et le rapporteur général, Gilles Carrez.

À gauche, on retrouve les spécialistes de la question. Didier Migaud, député socialiste de l'Isère, ancien rapporteur général du Budget sous le gouvernement Jospin, connaît remarquablement les finances publiques. Il tient ses troupes avec courtoisie et fermeté. Il fait partie de ces députés très sympathiques hors séance et capables de quelques excès talentueux lorsqu'il est à la tribune. Mais une complicité sympathique nous unit depuis de nombreuses années et, le sachant obligé de voter non au référendum européen et de défendre des idées de plus en plus à gauche au nom de sa fidélité fabiusienne, je ne manque jamais une occasion de le traiter de trotskiste. À côté de lui siège en permanence Augustin Bonrepaux, député socialiste de l'Ariège, connu pour sa voix stridente, ses compétences en finances locales et sa capacité à systématiquement demander au micro : « Monsieur le ministre, nous ne pouvons pas continuer cette discussion si vous ne nous donnez pas les simulations sur l'ensemble des réformes fiscales que vous proposez. » J'ai dû entendre cette phrase une bonne vingtaine de fois durant le débat !

Puis, il y a le Parti communiste, représenté principalement en l'espèce par Jean-Pierre Brard, député-maire de Montreuil, fin lettré et orateur reconnu, très utile pour servir de punching-ball à la majorité.

À droite, en cet après-midi où l'on va évoquer l'ISF, « ils sont venus, ils sont tous là », comme dans la chanson. Il y a bien sûr les habitués de la commission des Finances, Michel Bouvard, Hervé Mariton, Philippe Auberger et Jean-Yves Chamard. Mais, il y a aussi ceux qui sont là pour parler de l'ISF sur la résidence principale (seule disposition non incluse dans notre réforme fiscale), Pierre Lellouche et Claude Goasguen, tous deux députés de Paris, venus en précampagne électorale sur un sujet sensible pour leur électorat parisien. Le décor est donc bien planté et les journalistes, dont on aperçoit quelques visages dans les tribunes de la presse, sont ravis.

Brard ouvre le feu. Prenant le micro au nom d'un rappel au règlement – combine technique qui sert à prendre la parole sur d'autres sujets sans en avoir l'air –, il attaque :

« Monsieur le président, dit-il au président de séance, je veux savoir combien a coûté la présence de services de gendarmerie pour assurer la sécurité lors du mariage de la fille du milliardaire Bernard Arnault. Je crois savoir, poursuit-il, qu'ils étaient deux mille. Est-ce une bonne manière d'utiliser les fonds publics ? J'attends que le ministre du Budget me donne les réponses précises sur ce sujet sans quoi nous multiplierons les incidents et les suspensions de séance. »

Et joignant le geste à la parole, il ouvre avec un sourire goguenard le numéro de *Paris Match* montrant les photos de Thierry Breton et moi-même présents à ce mariage. Immédiatement, huée des députés de droite furieux de voir ce petit coup venu d'un apparenté communiste bien connu.

Habitué à ce type de cinéma, j'envoie un de mes collaborateurs chercher l'information auprès du préfet du département où a eu lieu ce mariage et feins de ne pas répondre. Une heure se passe. Brard, persuadé que je ne veux pas lui donner de chiffres, remet le couvert :

« Monsieur le président, rappel au règlement ! J'exige que le ministre du Budget réponde à ma question sur le mariage de la fille du milliardaire Arnault. D'autant que je constate que Thierry Breton n'est pas là, qu'il fuit le débat, sans doute pour faire oublier sa vie passée dans le CAC 40. »

J'avais l'information. Je prends immédiatement le micro pour remettre les choses au clair :

« Premièrement, monsieur Brard, il n'y avait pas deux mille mais quarante gendarmes, uniquement pour assurer la circulation dans le village. Pour le reste, c'était une société de sécurité privée. Mais enfin, allez, on va se dire la vérité, vous et moi ! Ce qui vous amuse, c'est de faire de la provocation et en tout état de cause je considère les attaques personnelles contre Thierry Breton indignes de la qualité de notre débat. Je vous propose donc de revenir au sujet. »

La gauche ricane, la droite applaudit et je vois Jean-Pierre Brard, ravi de son petit succès, se rasseoir à son banc. Je savais que ce n'était que le prologue.

Voilà Arnaud Montebourg qui alors débarque. Il n'est jamais présent dans les débats budgétaires et sa seule venue nous laisse à penser qu'il veut faire un coup. De ce point de vue, il n'est pas décevant et lance un monceau d'attaques personnelles contre Thierry Breton en exigeant sa présence au banc. Mais j'avais l'information que Montebourg devait prendre l'avion vers 18 heures pour se rendre à l'île de la Réunion pour un meeting de préparation du congrès socialiste.

Il suffisait donc de jouer la montre. J'annonce la venue de Thierry Breton pour la fin de l'après-midi. Lorsque Thierry Breton intervient, Montebourg est dans l'avion. Il répond magistralement aux premières questions sur l'ISF, adoucissant ainsi la suite du débat.

Reprise de la séance à 21 h 30. C'est le quatrième jour du débat budgétaire, la cinquante-cinquième heure de discussion, beaucoup des esprits sont à la fois fatigués et échauffés. Arrive le débat sur l'ISF concernant la résidence principale. Sur ce sujet, j'avais reçu une consigne claire. Ayant approuvé un amendement majeur de la commission des Finances pour encourager, par voie d'exonération d'ISF, les actions détenues par les salariés dans leur propre entreprise, j'avais l'instruction de ne rien lâcher sur la résidence principale. J'avais d'ailleurs, pour cela, quelques bons arguments puisque les montants payés sur l'ISF pour la résidence principale représentaient des sommes relativement faibles et, en tout état de cause, très inférieures à ce dont les contribuables concernés avaient pu bénéficier par la baisse de l'impôt sur les revenus (IR) depuis 2002.

Et là, Brard me rend service en ânonnant les arguments en faveur d'un amendement accroissant le barème de l'ISF. Je produis alors les phrases qui tuent. Mon équipe avait retrouvé les extraits de rapports successifs et de déclarations signées en 1998 et 2002 par Jean-Pierre Brard et Didier Migaud appelant, l'un et l'autre, à une réforme intelligente de l'ISF : « Pour les titulaires de patrimoines très élevés, de plusieurs dizaines voire plusieurs centaines de millions de francs, le cumul IR et ISF peut ainsi s'avérer confiscatoire et être ainsi à l'origine de certains départs à l'étranger » (J.-P. Brard). « L'ISF a des effets pervers qui incitent de nombreux contribuables à délocaliser leur fortune ou leur patrimoine professionnel, au détriment de l'emploi dans ce dernier cas » (D. Migaud).

La gauche ainsi calmée, il ne me restait plus qu'à tenir bon auprès de mes amis pour ne pas trop en rajouter sur l'ISF. Les amendements sur la résidence principale sont repoussés vers 23 h 30. Ils n'empêchent pas, évidemment, une redoutable campagne politique venue... d'un Laurent Fabius, habilement amnésique sur le fait que c'était sous la gauche que les œuvres d'art avaient été exonérées de l'ISF en 1982 et que les dirigeants des entreprises avaient été exonérés de l'ISF au titre de leur outil de travail en 1989 ! Mais sur l'ISF, comme sur l'ensemble de cette réforme de la fiscalité d'État, j'étais serein : un sondage de l'institut CSA montrait que 79 % des personnes interrogées étaient favorables à une baisse d'impôts sur le revenu ciblée en priorité sur les classes moyennes, et 71 % d'entre elles approuvaient le plafonnement fiscal à 60 % des revenus (et même 67 % des sympathisants de gauche).

Si bien qu'au 20 décembre on pouvait mesurer le chemin parcouru. En moins de six mois, nous avions réussi à mettre sur les rails une vraie refonte de la fiscalité d'État, ainsi qu'à rénover la taxe professionnelle pour lutter contre les délocalisations. Bien sûr, il faut maintenant réfléchir à la suite. Aller plus loin sur la fiscalité locale supposerait en réalité de réduire le nombre des échelons administratifs : il faudra du temps pour faire aboutir un tel serpent de mer.

Reste enfin devant nous un dernier chantier : celui du financement de la protection sociale. Le système hérité de 1945 est aujourd'hui à bout de souffle, puisqu'il fait reposer la majeure partie de nos dépenses sociales sur les salaires et l'emploi. La conséquence de ce système, c'est un coût du travail trop élevé, qui dissuade les entreprises d'embaucher pour rester compétitives. Si l'on veut maintenir un degré élevé de protection sociale, tout en encourageant l'emploi et la croissance, il faut avoir le courage de penser autrement le financement de notre système.

Les masses financières en cause sont considérables : environ 150 milliards d'euros de cotisations payées par les employeurs, 50 milliards d'euros de cotisations payées par les salariés et 80 milliards d'euros de contribution sociale généralisée (CSG) et de prélèvements assimilés. On parle ici de sommes qui représentent plus de cinq fois le montant de l'impôt sur le revenu !

Cent cinquante milliards d'euros de cotisations employeurs qui pèsent sur le coût du travail et donc sur l'emploi en France, ce n'est plus acceptable dans un pays confronté à la compétition internationale. Pour tout ce qui ne concerne pas la retraite et l'assurance chômage, il faut trouver une autre assiette. Mais qui doit payer ? Il n'y a pas trente-six solutions. Soit on fait payer tous les Français en tant que contribuables : on substitue alors aux cotisations sociales une augmentation de la CSG. Soit on fait payer tous les Français en tant que consommateurs : dans ce cas, on applique le système dit de la TVA sociale, qui consiste à substituer aux cotisations quelques points de TVA supplémentaires. Soit, enfin, on continue à faire payer les entreprises, mais en aménageant l'assiette, pour établir le prélèvement sur l'ensemble de la valeur ajoutée et non plus sur le seul coût du travail. Il s'agit de la contribution sur la valeur ajoutée dont le président de la République a demandé la mise à l'étude.

En réalité, compte tenu de l'ampleur de la somme, il n'y a pas de solution unique. Seule une combinaison de ces trois sources de financement peut permettre de résoudre le problème. Qui, en effet, pourrait imaginer de doubler la CSG ou d'augmenter de treize points le taux de TVA ? Même s'il s'agit de substituer un prélèvement à un autre, avec de tels niveaux d'augmentation, les transferts de charges entre contribuables ne seront pas supportables. Et puis, ne nous y trompons pas, tout débat sur la protection sociale doit certes s'intéresser à son financement, mais aussi au niveau des dépenses. Nous savons tous que le vieillissement de la population crée de nouveaux besoins, mais qu'en même temps certaines dépenses résultent d'abus et de gaspillages.

Une chose est certaine, si le débat sur l'efficacité du financement est légitime, celui sur l'efficacité de la dépense est indispensable.

11.

Dépense publique : priorité absolue à la réforme de l'État

« Qu'est-ce que vous me donnez si je vote pour vous ? »

Mars 2004, dernière semaine avant le premier tour des élections régionales. Je conduis la liste UMP en Île-de-France et les quelques jours qui précèdent le premier tour de scrutin sont évidemment particulièrement chargés. Les réunions se succèdent à grand rythme, matin, midi et soir, visites de terrain, d'usines, rencontres avec les associations, meetings le soir dans les huit départements d'Île-de-France, le tout dans une ambiance d'exaltation et d'enthousiasme exceptionnelle.

Le QG de campagne croule sous les courriers et les coups de téléphone. Les demandes les plus inattendues arrivent de toute part : « Si vous êtes élu, vous ferez quoi pour les cyclistes ? », « Si vous êtes élu, vous ferez un nouveau rond-point au croisement des deux départementales parce que sinon, moi, je ne voterai pas pour vous ! »...

C'est l'angoisse absolue des états-majors de campagne : a-t-on pensé à mettre quelque chose pour les ressortissants d'outre-mer ? Pour les agriculteurs ? Pour les écolos ? Pour les chasseurs ? Voilà une vieille règle de fonctionnement de nos démocraties. À côté des grands projets, des perspectives d'avenir qui engagent toute la nation, au-delà des grands principes qui nous rappellent, dès le plus jeune âge, que l'intérêt collectif est supérieur à l'intérêt individuel, il y a une réalité que l'on connaît bien : à chaque veille d'élection, il faut soigner les différentes « clientèles ».

Dans notre pays, les choses ont pris un tour totalement nouveau avec la campagne présidentielle de 1981. Les cent dix propositions du candidat Mitterrand ont très largement bouleversé les habitudes. Avec cette somme de promesses, on est entré dans un rapport de consommation à la politique. À l'époque, le candidat du Parti socialiste, sous couvert de solidarité nationale, avait introduit dans le débat public, pour la première fois de manière aussi claire, un véritable catalogue d'avantages individuels. Le passage de 40 à 39 heures, la cinquième semaine de congés payés et la retraite de 65 à 60 ans faisaient partie des promesses les plus symboliques.

Depuis cette date, les hommes politiques, tous bords confondus, sont rentrés dans ce piège fatal des surenchères de promesses. À gauche, il faut bien le dire, la tradition veut que l'on recherche systématiquement la nouvelle promesse – notamment dans le domaine social – à laquelle les prédécesseurs n'ont pas pensé. Ainsi, pour le temps de travail, on est passé de

40 à 39 heures, puis de 39 à 35 heures, le tout sans perte de salaire, ce qui signifiait évidemment un coût considérable pour la nation. C'est comme cela que sont entrés, dans notre sphère publique, de nouveaux avantages individuels sur lesquels il était avec le temps devenu très difficile, voire dans certains cas impossible, de revenir.

On aurait pu penser que, sur la partie droite de l'échiquier politique, les alternances se fassent autrement. Traditionnellement, la droite est réputée plus rigoureuse et avare de ce type de promesses. Mais la réalité est tout autre. À chaque campagne électorale beaucoup de responsables de droite se sont sentis obligés d'en faire un peu ou beaucoup, et en particulier de ne pas revenir sur les promesses déjà réalisées par la gauche et baptisées « acquis sociaux ». Et ce pour une raison simple : la tradition s'est installée, et vous êtes désormais en campagne électorale face à des Français habitués à leur catalogue périodique d'avantages individuels. Le citoyen que vous rencontrez, qui va être électeur dans quelques jours ou dans quelques semaines, vous prend bien souvent à part pour vous dire : « Monsieur Copé, vous avez l'air dynamique. Moi, je veux bien vous soutenir, mais qu'est-ce que vous me donnez si je vote pour vous ? »

Cette petite phrase que j'ai entendue bien souvent dans mes différentes campagnes électorales est redoutable. Car qui oserait répondre : « Rien. Moi, je ne vous donnerai rien. Je suis là pour vous proposer un projet collectif pour la France, pour son redressement, pour l'avenir de vos enfants. » Et pourtant c'est ça la vraie réponse, celle qu'il faudrait faire chaque fois. Mais bien souvent on craque à quelques semaines, à quelques jours de l'échéance fatidique, on peut être tenté de se laisser aller à quelques promesses supplémentaires dont on ne mesure pas toujours le coût parfois considérable. Mais combien de fois ai-je participé à des réunions d'état-major de campagne dans lesquelles tel ou tel se levait pour dire – à propos d'une hésitation sur une promesse de plus : « Mais enfin ! L'important est de gagner, on verra bien après ! » Après, il faut bien le dire, c'est souvent trop tard. Car, contrairement à ce que l'on croit, les hommes politiques sont de plus en plus obligés de tenir leurs promesses car les médias et l'opinion publique savent les leur rappeler.

Même si mon constat est assez sévère, je n'ai pas le sentiment qu'un gouvernement qui tient ce type de promesses bénéficie tant que cela de la reconnaissance de nos concitoyens. En revanche, il en va tout autrement d'un gouvernement qui obtient des résultats pour les objectifs qu'il a affichés.

Alors cette fameuse phrase « Qu'est-ce que vous me donnez si je vote pour vous ? » est dans tous les esprits des candidats aux élections locales ou nationales. Elle entraîne deux conséquences. D'abord elle amène beaucoup de responsables politiques à perdre l'idée de proposer aux Français un vrai projet politique d'ensemble, un projet d'avenir qui donne envie aux Français de s'engager collectivement. Ensuite, on se trouve dans une fuite en avant vers toujours plus de dépenses publiques. Dès qu'une corporation manifeste, dès qu'un problème se pose, la réponse qu'on apporte se résume à : « On va mettre plus d'argent, voilà les crédits supplémentaires que nous annonçons », confortant ainsi nos interlocuteurs dans l'idée que pour résoudre un problème il faut augmenter les crédits.

Je pense profondément que les Français ne sont pas dupes. Ils savent très bien, les uns et les autres, qu'accroître les crédits ne règle pas tous les problèmes. Mais, en réalité, le réflexe de beaucoup de nos compatriotes est le même. Il consiste à dire : « Ça ne marche pas très bien dans l'Éducation nationale ? À l'hôpital ? Ou pour la construction des routes ? Mettons plus d'argent, ça ne peut pas faire de mal. »

Quand la dépense publique devient une pompe à morphine

Comme nous n'avons jamais pris l'habitude d'évaluer la manière dont on utilise l'argent public, personne n'est capable aujourd'hui de mesurer les résultats d'une politique. Cela contredit pourtant l'aspiration à plus de démocratie. Ainsi la dépense publique est-elle devenue une sorte de drogue, une pompe à morphine sur laquelle on appuie chaque fois que l'on rencontre une difficulté, un problème, une inquiétude ou une interrogation. Secteur par secteur, chacun a droit à sa dose supplémentaire de crédits, ce qui permet de repousser à plus tard les décisions douloureuses et les réformes profondes.

Les exemples, dans ce domaine, sont innombrables et je dois avouer que, depuis que je suis ministre du Budget, je suis intarissable sur le sujet. Il est d'ailleurs très intéressant de voir que les ministres eux-mêmes entretiennent aujourd'hui ce rapport avec la dépense publique. Au début de l'année 2005, je lance un premier round de négociations budgétaires avec l'ensemble de mes collègues du gouvernement. L'objectif est clair : gagner trois mois sur le calendrier budgétaire traditionnel pour évoquer ensemble des « économies structurelles » à réaliser. Derrière cette expression barbare, il y a une réalité assez simple. Plutôt que de me présenter de nouvelles dépenses, je suggère à chacun de mes collègues d'étudier, avec eux, des gains de productivité que l'on pourrait réaliser sur des procédures administratives archaïques, sur des systèmes de subventions automatiques coûteux et peu efficaces, sur des décisions de modernisation à prendre dans différents domaines – l'immobilier, les achats, l'informatique, etc.

Tous mes collègues se prêtent donc un à un à cet exercice avec, il faut bien le dire, des démarches et des pensées à la fois positives et vigilantes à l'égard d'un ministre du Budget dont ils savent que, par tradition, il est d'abord là pour prendre de l'argent. De ce point de vue, le ministre de la Culture et de la Communication a beaucoup de savoir-faire. Renaud Donnedieu de Vabres est un collègue de longue date pour lequel j'ai beaucoup d'estime. Brillant, fin, cultivé, plein d'humour, il accomplit un beau parcours ministériel. Je le sais très apprécié d'un milieu culturel attachant mais impitoyable à l'égard des ministres successifs. Mais lorsqu'il rentre dans mon bureau, ce n'est pas le compagnon que j'accueille, c'est le ministre de la Culture. Et, comme le dit le proverbe anglais : *Nothing personal, just business*. Je le reçois chaleureusement en lui rappelant la règle du jeu :

« Renaud, tu sais dans quel esprit cette réunion se tient, il ne s'agit pas là de parler de dépenses nouvelles mais des économies que l'on pourrait réaliser dans ton secteur, par exemple sur des nouvelles procédures de financement comme on l'a fait pour les travaux de rénovation du Grand Palais à Paris, sur la modernisation du réseau des directions régionales des affaires culturelles, etc. Je suis donc à ta disposition pour étudier ces différentes propositions.

— Tu as raison, me dit Renaud Donnedieu de Vabres, il faut faire des économies structurelles, mais aujourd'hui l'heure n'est pas uniquement à cela.

— Ah bon ? dis-je, déjà blasé par les cinq précédentes réunions budgétaires avec mes autres collègues.

— Est-ce que tu veux que l'on gagne le référendum sur l'Europe ? me demande-t-il.

— Oui, bien sûr.

— Alors, j'ai un plan incontournable. »

Je fronce un peu les sourcils en me demandant comment il allait m'amener de la victoire attendue du référendum aux dépenses culturelles que je voyais arriver de très loin.

« Tu vois, reprend-il, les Français traversent aujourd'hui une crise d'identité majeure.

— Jusque-là, je te suis, lui dis-je.

— Cette crise d'identité pourrait être résorbée si les Français voyaient leur patrimoine, c'est-à-dire leurs racines, progressivement rénové, réhabilité, valorisé. »

Pendant que le ministre de la Culture me parle, je mesure son habileté.

« Oui, mon cher Jean-François, tu as bien compris. Je pense que la seule solution, c'est de pouvoir annoncer aux Français, quelques semaines avant le référendum, un grand programme de réhabilitation du patrimoine monumental français. Ainsi les Français retrouveront les joies de leur identité, seront rassurés et auront à nouveau le moral. »

Sur ce coup-là, une nouvelle fois, Renaud m'avait bluffé. Il arrivait avec un plan de dépenses supplémentaires ambitieux visant à rénover les grands monuments français. Son idée évidemment formidable se heurtait juste à un problème : il n'y avait pas le premier euro pour la mettre en œuvre.

« Qu'à cela ne tienne, reprend-il, après mon argument financier. Il y a des budgets civils qui ne comptent plus leur argent sans évaluer les retours. Il faut que tout ça soit réorganisé. »

Inutile de dire que mon interlocuteur avait à la fois tort et raison. C'est notre rapport global à la dépense publique qu'il faut revoir.

Aujourd'hui, un ministre mesure son poids politique à sa capacité de présenter au Parlement un budget qui augmente par rapport à l'année précédente. Lorsque c'est le cas, cela vient, aux yeux de la presse, valoriser son impact personnel dans le gouvernement. Quant à celui qui voit son budget se réduire, il se sent dans une logique d'échec personnel, de déprime et on retrouve alors souvent son amertume dans les journaux par petites phrases interposées. C'est à celui qui sera le plus persuasif pour obtenir la rallonge qui le fera exister le temps de la conférence budgétaire, qui obtiendra les faveurs de Matignon ou de l'Élysée au détriment des « horribles technocrates de Bercy »...

De ce point de vue, certains de mes collègues ministres savent y faire, ce qui d'ailleurs illustre aussi leur talent. Pascal Clément, nouveau ministre de la Justice, me rencontre longuement, au début du mois de juillet, pour me faire part de ses nombreux problèmes budgétaires. Malheureusement, je ne suis pas en situation de lui apporter les réponses qu'il attend. Trois jours plus tard, il rencontre le Premier ministre en direct et m'écrit quelques jours après pour m'annoncer lui-même l'arbitrage qu'il a obtenu de ce dernier. Et me voilà alors obligé de remonter au créneau. D'autant que Pascal Clément terminait son courrier en indiquant « mes services sont à la disposition des vôtres pour assurer la mise en œuvre de cette décision ». Des courriers comme ceux-là on en reçoit souvent. Ils font partie du jeu traditionnel entre le ministre du Budget et ses collègues.

Ce rapport à la dépense publique est devenu tellement fou que, ne voulant faire de peine à personne, ni fissurer la cohésion gouvernementale, on en arrive à empiler les priorités ministérielles, ce qui efface toute visibilité d'ensemble sur le cap fixé pour la politique budgétaire. Et à la fin de la législature, le nombre de secteurs prioritaires devient beaucoup plus important que ceux qui ne le sont pas. Ou du moins pas encore...

Comment sortir de l'impasse ?

Il m'arrive, à intervalles très réguliers, après avoir signé des dizaines et des dizaines de parapheurs, de lire le soir tard la situation mensuelle de nos comptes publics. Me revient alors toujours en tête l'histoire du type qui saute du dernier étage d'un building et qui à chaque étage se dirait « jusqu'ici tout va bien »..., jusqu'au moment où il s'écrase au sol sauf si, entre-temps, les pompiers sont arrivés pour lui mettre le fameux matelas de sécurité qui peut le sauver.

La situation de nos comptes publics, c'est un peu la même chose. Chaque année, à chaque budget, on trouve des solutions. Et jusqu'ici tout va bien. Sauf qu'en réalité, avec les années qui passent, il devient toujours plus difficile de trouver de nouvelles solutions et surtout on fait mine de ne pas s'apercevoir – c'est tout l'avantage des pompes à morphine – que l'addition est douloureuse. Les dépenses publiques en France, chacun le sait maintenant puisqu'elles sont au cœur de toutes les thématiques de campagnes électorales, accaparent 54 % de la richesse nationale, soit six points de plus que la moyenne de la zone euro. Malgré l'effort très important accompli depuis 2002 pour maintenir la dépense publique au même niveau tous les ans, c'est-à-dire pour qu'elle ne dépasse jamais le niveau de l'inflation, les dépenses de l'État sont toujours supérieures de plus de 17 % à nos recettes. Les déficits accumulés depuis vingt-cinq ans ont accouché d'une montagne de dettes. La part de la dette dans la richesse nationale a triplé en vingt ans. Et pour la première fois de notre histoire, cette explosion de la dette n'est pas le fruit d'une guerre mais intervient en pleine période de paix.

Le résultat est simple et Thierry Breton, le ministre de l'Économie, l'a, avec beaucoup de courage, présenté aux Français : le service de la dette est pratiquement devenu la première politique publique de notre pays. Les intérêts de cette dette vont bientôt représenter 100 % de l'impôt sur le revenu contre 20 % il y a vingt-cinq ans. Il s'agit donc bien d'une bombe à retardement.

Or les Français semblent pris, face à ce sujet, d'un certain fatalisme, comme si finalement on pouvait toujours trouver une solution. Mais le pire, c'est que nos hommes politiques sont dans le même état d'esprit. Il n'y a pas véritablement de débat au sein de la classe politique française sur ce qu'il faudra faire pour en sortir. On constate, régulièrement. On regrette. On se lamente. Et puis on passe à autre chose.

Et pourtant, qu'est-ce que tout cela signifie ? Cela veut dire qu'une telle situation conduit à la disparition programmée de toutes nos marges de manœuvre. Aujourd'hui, on est à un point où, en début de procédure budgétaire, on n'a pas un euro de surplus à répartir mais seulement des économies à solliciter. Et la situation ne devrait qu'empirer à l'avenir : le poids des pensions, le coût du vieillissement démographique, tout cela doit être mieux anticipé, comme le gouvernement l'a fait d'ailleurs avec la réforme des retraites. Mais il faut évidemment aller beaucoup plus loin et le dire aux Français.

Je me souviens très bien des réactions gênées qu'avait suscitées à droite comme à gauche les conclusions, hélas réalistes, de la mission sur la dette confiée à Michel Pébereau. Que n'avait-on alors entendu sur le risque anxiogène de telles révélations ! C'était pourtant la seule manière de mettre les pieds dans le plat et d'inverser la spirale, juste pour penser à l'avenir. Il fallait placer devant leurs responsabilités tous les dépensiers (État, collectivités locales, Sécurité sociale) dans une grande conférence des finances publiques, destinée à prendre date, à fixer des normes, à imposer un calendrier. Ce rendez-vous, pour lequel j'ai tant milité, a eu lieu le 11 janvier 2006, présidé par le Premier ministre lui-même : toutes les conditions sont désormais réunies pour aller de l'avant, dans un esprit de consensus et d'effort partagé.

Car même si la gauche a, par nature, plus d'atomes crochus avec l'augmentation de la dépense publique que la droite, je considère que le redressement de nos comptes publics ne peut plus être une simple question partisane ou politicienne. L'exemple du Canada le montre très bien. Au début des années 1990, le Canada souffrait d'un déficit public, par rapport au PIB, qui dépassait 6 %. Aujourd'hui, et ce depuis la cinquième année consécutive, le budget fédéral canadien est excédentaire et ça ne fait plus aucun débat entre la gauche et la droite au Canada.

Je crois vraiment, en conscience, que l'heure est venue d'acter, à gauche comme à droite, que l'on peut faire une politique économique ambitieuse, que l'on peut préserver notre système social, tout en revenant à l'équilibre budgétaire.

Or, quelque chose de nouveau vient de se produire en France : nous avons désormais une nouvelle constitution budgétaire, la LOLF. Derrière ce sigle invendable se cache la loi organique pour les lois de finances, qui révolutionne en profondeur le mode de gestion des deniers publics. Là où, jusqu'à présent, on ne jugeait l'efficacité d'un ministre qu'à sa capacité à augmenter ses crédits budgétaires d'une année sur l'autre, on évaluera désormais ses résultats en fonction de sa capacité à atteindre les objectifs qu'il s'est engagé à tenir. On parle donc désormais non plus d'obligations de moyens, mais de performances, d'évaluations et de résultats. C'est vrai au niveau des ministres et de leurs administrations centrales. C'est vrai aussi de l'ensemble des établissements publics dépendants de l'État. Désormais, chaque décideur public dispose d'une enveloppe globale – et non plus ventilée par petites lignes de crédits – qu'il peut ainsi répartir comme il l'entend et de manière très efficace.

Mais ce nouveau mode de gestion sera ce que nous en ferons. Il faut, de mon point de vue, le mettre au service d'une baisse de la dépense publique, à condition d'améliorer l'efficacité du service public et non pas d'en réduire la qualité. Et cela n'est rien d'autre que la réforme de l'État.

Réformer l'État, c'est le passer au crible impitoyable de la performance

Aujourd'hui la priorité absolue va à la réforme de l'État. Cette mission, que le Premier ministre m'a confiée en plus du ministère du Budget, est la clé de tout. Quoi qu'il arrive, l'enjeu est clair : on ne se sortira pas de la spirale de la dépense publique et de la dette sans réformer l'État, sans le rendre plus performant et plus efficace dans l'ensemble de ses missions.

Une de mes premières actions a été de lancer, de manière très brutale, une vague d'audits directement inspirée des modèles canadien et britannique. L'idée est simple. Il s'agit d'envoyer nos corps d'inspecteurs généraux, renforcés par des cabinets d'audit privé, dans des opérations de contrôles de toutes les procédures gérées par les différents ministères. Un seul objectif : mener un travail d'évaluation de fond en comble aussi bien pour ce qui concerne les méthodes de travail que pour le nombre de fonctionnaires en place.

L'État se connaît mal, ne gère pas ses ressources humaines. L'idée de soulever l'ensemble du capot pour regarder à l'intérieur l'état du moteur et proposer la manière de le moderniser a constitué évidemment une petite révolution. La volonté d'agir était réelle, mais les réserves très fortes. Je réunis l'ensemble des inspecteurs chargés de faire les audits le 27 octobre 2005 après-midi. La série de questions qui m'est posée est édifiante : « Quelles garanties que le rapport que nous allons faire ne sera pas le nième planqué dans un tiroir ? », « Pouvons-nous tout écrire dans le rapport alors que nous inspectons notre propre ministère ? », « Pouvons-nous mettre les pieds dans le plat sur des sujets qui sont confidentiels aux yeux de notre ministre de tutelle ? », « Ne croyez-vous pas que si on fait des propositions dans un rapport, cela va tuer tout espoir de réforme en déclenchant une campagne de presse contre ledit rapport ? »...

J'arrête là la liste. Elle résume assez bien les peurs, les conservatismes et les contradictions français. Les mêmes qui aspirent à la réforme de l'État, à la modernisation du service public, qui veulent en un mot que les choses bougent, vous font dans la même phrase la liste de tout ce qui bloque. Et derrière les remarques des inspecteurs s'exprimait évidemment un mal beaucoup plus profond. Celui, par exemple, qui consiste à essayer de comprendre qui doit l'emporter entre un directeur d'administration centrale, présent pour des années, et un membre de cabinet ministériel rattaché au ministre et donc destiné à « mourir » avec lui ?

J'ai bien vu, lors de cette réunion, combien la tâche était lourde. Mais après tout comment faire autrement ? Tous les grands pays ont enclenché cette démarche, aucun n'a reculé. Qui peut imaginer que la France soit en arrière de la main alors que les déficits s'accumulent et expliquent beaucoup d'angoisses chez les Français ?

Ma démarche, en la matière, est très simple, au moins sur le papier. Tout le monde a ce mot de réforme de l'État à la bouche sans jamais assumer une définition. Je propose donc la mienne : lorsque l'on interroge, sondage après sondage, année après année, les Français, tous répondent que pour eux un État moderne, c'est un État qui assure un meilleur service public au meilleur coût. Je ne dis pas au plus faible coût, je dis au meilleur coût. La consigne est claire. Assurer en permanence le meilleur service public au meilleur coût doit se faire en mettant en cohérence trois catégories d'acteurs :

— d'abord, l'usager, celui qui consomme le service public. L'usager, qui paie ses impôts, est un client. Et le client doit être roi. Donc il faut viser le zéro défaut ;

— le contribuable qui veut en avoir pour ses impôts, comprendre où va son argent, avec quels résultats ;

— enfin, les fonctionnaires, avec lesquels il faut avoir un débat lucide, sans complaisance mais sans agressivité. Tant qu'ils ne seront pas intéressés personnellement – y compris matériellement – à la modernisation de l'État, ils n'auront aucune raison particulière, ni motivation, pour l'accompagner.

Dans cet esprit, les rapports d'audits sont produits à marche forcée tous les deux mois afin d'avoir une photographie précise de la situation de l'État français en 2006.

C'est sur la base de tous ces rapports, véritables trésors, que chaque ministre pourra légitimer la modernisation de son administration. Ainsi lorsqu'on lance un audit pour évaluer les conséquences du développement de la télédéclaration de l'impôt sur les revenus, on voit très vite les gains de productivité que l'on peut réaliser sur les trois, quatre ou cinq années qui viennent. *Idem* sur la modernisation du système de paiement des amendes ou encore sur l'évaluation du coût d'organisation des examens à l'école par l'Éducation nationale.

Mais il reste que si l'on parle d'audits et de contrôles de gestion, comme dans les grandes entreprises, alors il faut poser sans tabou les questions des personnels et donc du nombre des fonctionnaires.

La France et ses fonctionnaires

Tribune de l'Assemblée nationale, un jour d'octobre 2005. On est en pleine discussion du projet de loi de finances. Un député important de la majorité prend la parole :

« Monsieur le ministre, la politique conduite par votre gouvernement contient des avancées essentielles mais un point faible majeur : il n'est pas normal que vous ne fassiez que 5 000 réductions de postes de fonctionnaires cette année sur deux millions de personnes, alors que dans le même temps vous enclenchez la modernisation du pays. Tous les grands pays réduisent leur nombre de fonctionnaires sauf le nôtre. Et c'est là une faute majeure dont votre gouvernement portera la responsabilité. »

Alors qu'il prononce ce discours très dur, j'ai en tête qu'il a, bien sûr, raison et que sur ce sujet il faudrait sans doute faire beaucoup plus, puisque depuis le début du quinquennat ce furent 1 500 fonctionnaires de moins la première année, puis 5 000, puis 7 500 et, pour 2006, 5 000 seulement. Le message passait mal. En même temps, j'avais en tête la réunion d'arbitrage ultime, que j'avais perdue en tant que ministre du Budget à Matignon, où l'on m'avait fait valoir que la mise en œuvre de toutes les lois de programme, et notamment la nouvelle loi d'orientation sur l'école, exigeait des effectifs supplémentaires, d'où le solde seulement de 5 000 fonctionnaires de moins.

Alors que je laisse mon esprit vagabonder sur le sujet, le parlementaire qui a terminé son propos rejoint son banc et me fait passer un petit mot pour me dire qu'il souhaiterait me voir à l'interruption de séance. Je le rejoins donc quelques instants après à la buvette, non sans lui faire observer que j'aurais aimé des propos moins durs sur la forme. Mais le député qui alors me parle n'a plus rien à voir avec le brillant tribun que j'ai écouté tout à l'heure. Après avoir bredouillé quelques vagues mots de regret, il en vient à l'essentiel :

« J'ai souhaité te voir en particulier pour te parler d'un problème de ma circonscription. Je viens d'apprendre que, dans mon coin, l'inspection d'académie annonce la fermeture de cinq classes et la réduction du nombre d'enseignants faute d'élèves suffisants. Ce qui déclenche évidemment dans mes villages une émeute : les parents, les personnels enseignants... Tout le monde est furieux et je ne cesse de les recevoir en audience sans avoir grand-chose de concret à leur dire. »

Le député me dit également et dans le même ordre d'idée :

« J'ai un autre problème. Tes services prévoient de fermer la trésorerie dans l'un de mes cantons sous prétexte qu'elle ne fait plus que deux actes par semaine, mais le problème, c'est que les maires du secteur sont furieux et qu'ils voudraient la conserver quand même. »

Je l'admets, même si le descriptif de cette situation, que je connais bien pour l'avoir moi-même vécue à Meaux et dans ma circonscription, me peinait pour mon interlocuteur, je ne pouvais m'empêcher de jubiler intérieurement : cet excellent député élu depuis des années incarnait à lui tout seul notre pays, capable à la fois de grandes leçons de morale lorsqu'il s'agissait de parler en général, et dépendant à la drogue de la dépense publique lorsqu'il s'agissait de parler de son problème particulier. Je n'en rajouterai pas dans la cruauté, chacun ses problèmes.

Mais enfin, avant de sourire de cette histoire, rappelons-nous que les Français sont tous les mêmes et nous avec ! Les mêmes, qui ne cessent de railler les fonctionnaires supposés ne pas suffisamment travailler et être trop nombreux, et qui rêvent que leurs enfants entrent dans la fonction publique pour avoir la sécurité de l'emploi ! Les mêmes, qui trouvent qu'ils paient trop d'impôts et que l'État dépense trop, veulent bien des réformes et même des réductions d'effectifs mais à condition que ça ne concerne pas la classe de leurs enfants...

Mais je crois devoir aller jusqu'au bout du raisonnement. On ne peut pas reprocher aux Français ce type de comportement qui répond à une angoisse du quotidien. Le rôle d'un gouvernement n'est pas d'afficher pour se faire plaisir une norme abstraite de réduction d'effectifs globaux. Rien, en effet, n'est plus angoissant que d'annoncer une réduction de moitié du remplacement du nombre de départs en retraite, sans dire où, pourquoi, ni comment. J'ajoute que c'est injurieux pour les fonctionnaires eux-mêmes, puisqu'il ne leur est jamais possible de savoir s'ils sont classés dans la catégorie des fonctionnaires « utiles » ou « inutiles ». On le voit, ce type d'affichage n'est pas plus satisfaisant à droite que lorsque, à gauche, pour rassurer ou faire semblant de rassurer, on augmente massivement les effectifs, comme l'a fait Lionel Jospin (60 000 fonctionnaires de plus entre 1998 et 2002).

En réalité, on a besoin d'avoir un instrument de mesure qui soit fiable, objectif, sur le nombre de fonctionnaires nécessaires pour assurer le service public. Les audits dont je viens de parler vont être très utiles parce qu'ils vont légitimer les baisses ou les hausses d'effectifs mission par mission, service par service, bien loin de cette logique du « rabot » si anxiogène.

Ce qui m'amène évidemment à dire qu'il faudra sans doute aborder une réflexion beaucoup plus globale sur notre fonction publique pour passer d'une logique de corps à une logique de métier, pour décloisonner les ministères et encourager la mobilité afin de mieux gérer les finances publiques. Est-il normal qu'un informaticien en poste à Bercy n'ait quasiment aucune perspective de poursuivre sa carrière au ministère de l'Intérieur alors même que l'on peut se trouver en sureffectif sur ce métier à Bercy et en sous-effectif à l'Intérieur ? Bercy conservera son sureffectif et l'Intérieur ouvrira un concours pour recruter de nouveaux informaticiens. Voilà ce qui ne va pas. Voilà ce qu'il faut évidemment changer et évaluer en profondeur avec la mise en place d'une véritable direction des ressources humaines pour l'État.

De la même manière, il est nécessaire de passer à une logique de compétences : gestionnaire, manager, contrôleur... autant de métiers qu'il faut pouvoir exercer dans une fonction publique beaucoup plus fluide et plus mobile.

Je rêve que soit généralisée l'incitation financière à la mobilité. Par exemple pour tordre le cou à ce tabou selon lequel aujourd'hui il y a beaucoup plus de fonctionnaires dans le sud de la France que dans le nord pour cause de météo et de qualité de vie. Peut-être faut-il alors récompenser ceux qui travaillent dans des zones moins ensoleillées ? Pour toutes ces raisons, je pense que nous devrions mettre en place une véritable Bourse des emplois pour les fonctionnaires.

Dans le même ordre d'idées, j'ai souhaité que la Direction générale de la modernisation de l'État (DGME), direction regroupant toutes les structures qui, de manière éparse, s'occupaient « un peu » de réforme de l'État, et qui désormais forme une seule et même direction, recrute – grande innovation – des personnels issus du privé, et surtout des fonctionnaires étrangers, histoire de s'inspirer de ce qui se fait de mieux ailleurs.

Réconcilier les Français avec leurs fonctionnaires, leurs impôts, tout en leur faisant prendre conscience de l'énormité de la dette qui pèse sur leur avenir : je sais que tout cela ne se fera pas en un jour. Mais, en politique, je considère qu'au possible nous sommes tenus. Et puisque d'autres pays ont réussi ces défis, le courage nous impose de les relever !

12.

École : comment renouer avec la réussite ?

L'éternel problème des moyens : crevons l'abcès

Des moyens, toujours plus de moyens. L'école est peut-être le meilleur exemple de notre addiction à la dépense publique. De ce point de vue, notre pays est attaché à ses traditions. Parmi celles-ci, il en est une à laquelle on ne déroge jamais : la première série de contacts entre le nouveau ministre de l'Éducation nationale qui arrive à son poste et les syndicats qu'il rencontre en audience. En substance, le scénario est immuable. En général, on l'a dit, un ministre qui vient de prendre ses nouvelles fonctions, surtout lorsque l'on est en début de mandat présidentiel ou législatif, a envie de faire bouger les choses.

Les premières semaines d'installation suscitent généralement la curiosité des médias, les portraits flatteurs se multiplient dans la presse, histoire de faire monter un peu la pression et de donner le sentiment au nouveau ministre de l'Éducation nationale que, lui, va réussir. C'est dans cette ambiance plutôt euphorique que se préparent les premiers projets de réforme.

Arrive ensuite la rencontre initiale avec les syndicats. Le ministre frais, content, enthousiaste, vient leur présenter les grandes lignes de sa réforme ou de ses pistes de réforme. Généralement, il y met de l'emphase, de la fougue. Il trouve les mots. Il essaie de bâtir une complicité. Il peut même y mettre de l'humour. La séance commence immanquablement de la même manière. Les responsables syndicaux qui sont autour de la table écoutent poliment. Une fois terminée la séquence, il y en a toujours un pour prendre la parole et dire : « Monsieur le ministre, on vous a bien entendu. On vous remercie de cette introduction. Pouvez-vous nous dire combien vous mettrez de moyens supplémentaires et surtout de postes supplémentaires pour la rentrée scolaire de septembre prochain ? »

Souvent, le ministre ne voit pas forcément l'importance de la question. Il peut même avoir tendance, parce qu'il est nouveau dans le poste, à vouloir en remettre une couche. Donc la plupart du temps, il reprend la parole pour répéter avec la même emphase, et parfois des mots différents, ses propos : le grand projet ambitieux qu'il prépare pour moderniser l'école. C'est alors qu'un autre leader syndical prend la parole pour dire : « Monsieur le ministre, nous avons effectivement bien entendu, il faudra sans doute que l'on rediscute un jour de vos propositions. Mais aujourd'hui nous ne sommes venus qu'avec une seule question : combien d'effectifs de professeurs et de moyens de fonctionnement supplémentaires avez-vous prévus dans le budget pour la rentrée de septembre prochain ? »

Si, par malheur, le nouveau ministre se risque à dire une troisième fois les grandes lignes de ses projets de réforme, il y a toutes les chances pour que la réunion s'arrête et que dès la sortie il se trouve un ou plusieurs leaders syndicaux pour appeler le Premier ministre au téléphone afin de lui dire : « Votre nouveau ministre n'est pas mal, mais il ne sait pas dialoguer. »

Cette scène, un peu résumée, est hélas le reflet de ce que connaît notre Éducation nationale depuis une bonne trentaine d'années...

Claude Allègre, comme Luc Ferry, comme François Fillon avaient tous trois essayé de réformer et se sont tous trois heurtés aux mêmes manifestations, aux mêmes oppositions et aux mêmes blocages. On compte beaucoup de domaines de l'action publique dans lesquels la logique du « toujours plus » a tenu lieu de politique. Le toujours plus, c'est la meilleure manière de reporter à plus tard les décisions difficiles par une anesthésie de très court terme. Toujours plus d'argent, toujours plus de profs, alors même que l'on compte aujourd'hui 500 000 élèves de moins qu'en 1990 ! Le résultat, c'est qu'aujourd'hui l'Éducation nationale absorbe un quart du budget de l'État, ce qui en fait, de loin, le premier poste de dépenses publiques. Bien sûr, il est totalement légitime de faire de l'école une priorité absolue et d'y consacrer des moyens conséquents. Mais à une condition : que les résultats suivent et que l'école remplisse ses objectifs.

Or, que constate-t-on ? Plus de 80 000 enfants par an entrent en 6e sans savoir lire, écrire ni compter. Depuis dix ans, 150 000 jeunes sortent chaque année du système scolaire sans qualification. En ce qui concerne la maîtrise de l'anglais à 15 ans, la France est dernière de la classe en Europe. Et surtout, l'école échoue dans son rôle d'ascenseur social. L'école, à elle seule, ne parvient plus à incarner un parcours de réussite républicaine. En fin de compte, le problème est simple. Ou bien on continue à faire semblant de ne rien voir, de se goberger des rapports accablants qui sortent chaque année, et qui sont parfois portés avec courage par certains ministres de l'Éducation nationale, mais que l'on enterre immédiatement pour ne parler, encore, que d'augmentations de postes. Ou bien on regarde les choses en face pour constater qu'aujourd'hui l'école française est à plusieurs vitesses et qu'un enfant, selon le milieu social dans lequel il naît, n'a plus les mêmes chances de réussite. Oui, il y a un problème de moyens pour l'école, mais ce problème de moyens ne se pose pas à l'administration de l'Éducation nationale. Il se pose aux familles parce que de nos jours la situation est telle que celles qui le peuvent sont obligées de compenser les insuffisances de notre système en faisant appel à des renforts.

Je me souviens d'une récente conversation avec cette mère de famille, que je connais depuis quelque temps. Elle habite la Seine-et-Marne, elle a deux enfants et, avec son mari, elle tient un petit commerce de fruits et légumes. Je lui demandais si ses enfants allaient bien, si tout se passait sans problème à l'école, et elle me fit cette réponse :

« Oh oui, ils vont bien. Je suis contente parce que maintenant ils ont des cours de soutien en français, en maths et en anglais. Comme moi je rentre tard du magasin, je suis plus tranquille. Je sais qu'ils ne traînent pas dehors et qu'ils font des progrès.

— Mais à l'école, ils avaient des difficultés ?

— Pas vraiment. Mais vous savez, moi, je veux qu'ils s'en sortent, mes gamins. Alors avec mon mari, on s'est dit qu'il fallait faire des efforts : on ne se paie plus de vacances ni de sorties, mais au moins ils ont des cours de soutien, et puis l'été ils vont partir faire un échange pour apprendre l'anglais.

— Et ils sont scolarisés où, vos enfants ?

— Ici, au collège. Mais bon, on a fait une demande pour le lycée privé. C'est plus loin, c'est sûr, mais là, je serai vraiment tranquille. Pour le niveau, et puis pour la discipline aussi. Au lycée d'ici, les jeunes, ils commencent à traîner dès 15 heures. Je ne sais pas si c'est à cause des profs malades ou en grève, mais bon, c'est pas ce qu'on veut pour nos enfants. »

En quelques mots, cette mère de famille avait résumé le scandale de l'école française aujourd'hui : le premier indicateur des difficultés est l'explosion des cours privés (à l'image de l'essor d'une entreprise comme Acadomia), mais aussi des séjours linguistiques, sans parler des listes d'attente interminables pour entrer dans les écoles privées. La vraie problématique des moyens est là. Si l'on regarde les choses objectivement, ce sont les familles qui ont un problème de moyens, et non pas l'école !

La question est donc celle des objectifs à atteindre : il n'est plus possible de laisser l'école, malgré tous les moyens qui lui sont consacrés, devenir une source d'injustice sociale, et un souci permanent pour des parents qui finissent par aller chercher les hussards noirs là où ils sont, c'est-à-dire dans l'école privée. Ma conviction, c'est qu'il faut remettre la performance au cœur du système éducatif public français.

Tout se joue à l'école primaire !

L'école de la réussite, c'est d'abord l'école primaire. Le constat est bien connu : un élève qui sort du cours préparatoire sans avoir appris les fondamentaux de la lecture et de l'écriture a bien peu de chances réelles de rattraper son retard, et son parcours scolaire ne sera qu'une accumulation d'échecs.

Or, ces échecs lourds ont obligé à créer, dans certains collèges, des classes à projets, parfois appelées pompeusement classes de remédiation. C'est le reflet de l'échec du système. Ces classes de 6e accueillent des enfants qui ont tant redoublé à l'école primaire qu'ils ont atteint un âge où il fallait bien les faire passer au collège, et leur faire suivre, autant que possible, les programmes de 6e. Mais ce ne sont pas pour autant des élèves qui maîtrisent correctement la lecture et l'écriture. J'ai vu dans ma ville des enfants qui, habitant dans les quartiers les plus difficiles, ne savent pas comment écrire sur une page, ne repèrent ni les lignes ni les marges. Ils ont parfois dix ans de scolarité derrière eux. Dix ans d'ennui, d'échecs, de dégoût pour tout ce qui touche à l'école et au savoir.

Voilà des situations qu'il aurait fallu traiter beaucoup plus tôt, dès le cours préparatoire, où les choses sérieuses commencent. C'est au moment de l'apprentissage de la lecture et de l'écriture que beaucoup se joue et qu'il faut donc « mettre le paquet » avec bon sens et pragmatisme.

L'école primaire a besoin de renouer avec l'ambition, mais tout d'abord avec la modestie dans sa vision de l'apprentissage. Finissons-en avec cette idée qu'ânonner est humiliant et que les enfants sont beaucoup plus encouragés parce qu'ils arrivent à deviner le sens des mots. Une enseignante de CM1 à Meaux m'expliquait que tous les enfants qu'elle récupère dans sa classe, et qui sont issus de l'apprentissage de la méthode globale ou semi-globale, ont, pour 80 % d'entre eux, des difficultés majeures qu'il faut rattraper dans l'urgence. Et on sait que, dans ce domaine, beaucoup de temps a été perdu. Il était nécessaire de supprimer sans tarder ces méthodes : Gilles de Robien vient de l'annoncer, et c'est la bonne décision.

Il faut aussi plus d'ambition, ne pas avoir peur d'être exigeant avec les enfants. Ainsi, à force de ne pas vouloir les encourager, on en vient à abandonner les exercices, certes difficiles, mais formateurs et souvent valorisants. Ayons l'ambition que nos enfants sachent faire des dictées ou réciter par cœur des poésies. Apprendre par cœur n'est ni humiliant ni ringard. Envisageons ces exercices comme des repères qui donnent confiance en soi et qui structurent l'enfance, l'adolescence et même la vie tout court. En disant cela, j'ai l'impression d'enfoncer des portes ouvertes : mais quand on voit la polémique suscitée par la volonté de François Fillon, alors ministre de l'Éducation nationale, de remettre à l'honneur l'exercice de la dictée, on se dit qu'il fait toujours bon rappeler quelques idées simples. Un secrétaire général d'un grand syndicat de l'enseignement avait alors parlé de « priorité affligeante » et de « méthodes complètement éculées », car, disait-il, « tout pédagogue sait que la maîtrise du français ne passe certainement pas par la dictée qui est un exercice répétitif ». Je ne partage pas ce point de vue : le bon sens montre que la dictée, la copie, et tous les exercices répétitifs vous font surtout maîtriser pour toujours des bases solides.

Le cours préparatoire, plus que tout autre, doit être un succès absolu, sans quoi on ne peut pas continuer sa scolarité dans de bonnes conditions. C'est pourquoi je propose un examen d'évaluation très simple dès Noël au CP, avec exercices de lecture et d'écriture. Ainsi, si les bases ne sont pas sûres, on peut immédiatement décider des cours de soutien obligatoires d'une heure après la classe ou à la place d'une activité récréative, assurés par des instituteurs volontaires ou des étudiants d'IUFM (Institut universitaire de formation des maîtres) recrutés par le directeur de l'école. Il s'agirait d'un suivi personnalisé, encore une fois.

Je crois surtout nécessaire de mettre en place en fin de CM2 un véritable examen qui vienne sanctionner l'apprentissage des savoirs fondamentaux de l'école primaire ; il consisterait en une dictée, une courte rédaction, quelques problèmes de mathématiques, bref, la base de ce qu'il faut maîtriser pour entrer au collège. Et on ne pourrait pas passer en 6e sans avoir réussi cet examen. Je crois d'ailleurs indispensable que les directeurs d'école primaire soient obligés de publier les résultats obtenus par leurs élèves à cet examen, comme on le fait pour le bac. Ce serait là, sans doute, une innovation majeure. Ce que l'on fait pour que les parents connaissent le niveau du lycée où va leur enfant, on doit pouvoir le faire aussi pour les écoles primaires. On pourrait, ainsi, trouver le moyen de récompenser les meilleures équipes pédagogiques, de responsabiliser les directeurs d'école et de faire, sans nul doute, une meilleure gestion des ressources humaines et des compositions d'équipes enseignantes. Sur ce sujet, on n'a jamais avancé. Le moment est sans doute venu d'y travailler.

L'Éducation nationale, premier employeur de France, mais sans DRH !

Je vais évoquer, là encore, un tabou – mais il y en a tellement dans l'Éducation nationale ! Cette administration est l'une des plus grandes entreprises de France. Avec 1,3 million de salariés, elle réussit cet étrange paradoxe d'avoir un réservoir formidable de personnels qualifiés, motivés en début de carrière, pleins de bonne volonté et de générosité, mais d'accomplir un immense gâchis humain.

Un jeune professeur agrégé me racontait cet étonnant parcours professionnel, consistant à voir sa carrière dépendre... d'un ordinateur ! Après avoir obtenu le concours et passé un an à l'IUFM, ce garçon avait rempli sur Internet une série de questionnaires. L'ordinateur lui avait alors délivré une information clé : son nombre de points, acquis à l'ancienneté principalement, mais aussi en fonction de sa situation familiale.

Le nombre de points constitue le cœur du système : il faut tant de points pour pouvoir enseigner à Bordeaux, tant de points pour pouvoir prétendre à enseigner en région parisienne, sans compter les régimes d'exception comme la Corse ou les DOM-TOM... À partir de là, on fait ses choix. C'est toute une technique, un vrai jeu de stratégie, avec ses pièges : par exemple, si on demande certains postes cinq ans de suite, on a une bonification de ses points ; mais si on oublie de le faire ne serait-ce qu'une année, parce qu'on est à ce moment-là en congé parental par exemple, alors tout est à recommencer. Enfin, une fois ses vœux enregistrés sur Internet, on attend le jour où l'ordinateur vous dira où se trouve votre poste. Une gestion totalement centralisée, informatisée et opaque – même Kafka n'aurait pas osé l'inventer !

Et tout est à l'avenant. On peut ainsi faire l'ensemble de sa carrière sans rencontrer un seul responsable, car les proviseurs n'ont, on le sait, aucune autorité sur les affectations de personnels, si bien que les enseignants sont totalement livrés à eux-mêmes. Comment être motivé quand personne n'est là pour récompenser l'effort ? Pour donner un conseil sur la suite de sa carrière ? Imagine-t-on une seule entreprise privée qui puisse fonctionner ainsi en aveugle ? Même dans les autres administrations, les choses évoluent. Au ministère des Finances, au ministère de la Défense, au ministère de l'Intérieur, qui comprennent chacun des effectifs importants, on s'efforce dans la mesure du possible de gérer les carrières et de recevoir le plus possible les fonctionnaires.

Cette absence de direction des ressources humaines fait que l'on a laissé les syndicats prendre toute la place. Quand on est un prof débutant, la seule façon de savoir comment obtenir un premier poste, comment faire ses choix, est souvent d'aller frapper à la porte du SNES. Une jeune enseignante me racontait ainsi son premier contact avec le métier :

« Enseigner, c'était franchement un rêve pour moi. J'avais réussi le concours, j'avais bien préparé mon cartable pour le premier jour à l'IUFM. Évidemment, je ne m'attendais pas à être accueillie par un discours IIIe République. Mais j'imaginais quand même un moment un peu solennel. La première personne qui vint nous parler ce jour-là était un syndicaliste qui, pendant une heure, nous indiqua les démarches à suivre pour obtenir le remboursement de la carte de transport, mais aussi la meilleure façon d'avoir des points supplémentaires pour son affectation, sans oublier l'adresse des centres où l'on pouvait se faire soigner gratuitement en tant que personnel enseignant. J'étais loin de mes rêves d'enfant ! Mais je dois reconnaître que ce sont les seules informations pratiques et utiles dont j'ai pu disposer en ce début de carrière. »

Tout cela n'est ni tenable ni supportable. Nous devons faire un énorme travail de gestion des personnels enseignants. Mais il convient tout d'abord de réfléchir à une meilleure formation de ceux-ci. Car voilà bien le seul métier que l'on apprend *après* avoir été recruté ! Un étudiant reçu au CAPES ou à l'agrégation n'a jamais vu une classe. Imagine-t-on un médecin qui aurait tout appris dans les livres sans avoir jamais vu un patient durant ses années d'externat ou d'internat ? Sans être jamais rentré dans un bloc opératoire ? Tout cela est absurde. Il faut absolument que des générations nouvelles d'étudiants préparent le concours de l'enseignement en ayant pu, dès la licence, avoir des stages dans des établissements ouverts à tous ceux qui veulent passer le CAPES et l'agrégation. Ces stages devraient figurer obligatoirement dans le dossier des candidats admissibles à ces concours et les épreuves orales seraient ainsi de vrais entretiens de recrutement testant non seulement le savoir des candidats, mais aussi leur motivation et leur pratique réelle du métier.

Ensuite, il faudrait instaurer, dès maintenant, une obligation de rendez-vous au moins une fois tous les deux ans avec le rectorat pour faire le point sur sa carrière, son avancement, son affectation. C'est le moyen le plus simple et le plus rapide de remettre un peu de lien entre les enseignants et leur administration.

Faire du chef d'établissement un vrai chef d'équipe

Mais tout cela ne suffira pas. Et j'en viens à un principe essentiel à mes yeux : il n'y a pas de bonnes équipes sans bons chefs d'équipe.

Aujourd'hui, ce qui fait cruellement défaut à notre système scolaire, c'est d'avoir des chefs d'établissement vraiment responsables, disposant de vrais pouvoirs. Ils sont les véritables maîtres d'œuvre de la réussite des écoles : ce sont eux qui connaissent les élèves, leur parcours et qui savent motiver tout le monde, élèves et professeurs, pour aller vers la réussite. C'est d'ailleurs cela que les parents vont chercher dans le privé : des établissements dirigés, managés, avec un vrai projet éducatif. Il faut donner au chef d'établissement les moyens d'être un vrai chef d'équipe et lui confier la gestion des ressources humaines et celle des budgets qui y sont associés. J'ai conscience qu'il s'agit là d'une rupture majeure, rupture que l'on observe parfois au cas par cas, lorsque la personnalité de certains chefs d'établissement parvient à faire la différence.

Je fais le rêve d'une école où de jeunes professeurs fraîchement diplômés iront à des entretiens d'embauche ; où des chefs d'établissement pourront les recruter, et avoir la capacité de les évaluer et de les rémunérer suivant leur mérite ; où un contrat pourra lier ainsi l'enseignant et le chef d'établissement, afin de rompre avec des carrières fondées sur des barèmes aveugles. Car le système de notation des enseignants est aujourd'hui totalement caduc. Il faut le revoir pour le changer en un véritable instrument de mesure de la performance. Avec, pourquoi pas, des questionnaires à faire remplir à la fois par les parents d'élèves, les lycéens et le personnel administratif de l'établissement – proviseur, conseiller principal d'éducation. Quand on est un bon enseignant, il n'y a rien de plus frustrant que de s'entendre féliciter par tout le monde, de savoir que des enfants ont fait grâce à vous des progrès formidables, mais qu'au fond tout cela, c'est seulement pour l'honneur, et qu'on aura, au final, la même carrière qu'un autre prof souvent absent ou qui n'aura fait aucun effort pour ses élèves. Voilà ce qui mine de l'intérieur le moral de beaucoup de nos enseignants. Il faut suivre les professeurs, les coacher – surtout dans les collèges et les lycées les plus difficiles –, les aider, les accompagner mais pouvoir les motiver. On ne remettra l'école et les élèves sur la voie de la réussite qu'avec un corps enseignant remotivé.

L'école, premier rendez-vous avec le marché du travail

Dans la catégorie des aberrations, je suis obligé de dire qu'il en est une autre particulièrement énorme : cette idée que l'école doit rester un lieu clos, où toute personne qui n'appartient pas à l'Éducation nationale n'a pas le droit de cité. On a vu les réticences très fortes du monde enseignant à mettre en œuvre des partenariats avec les élus locaux. Lorsqu'il s'agit de parler de livraisons de photocopieurs ou de réfections de cours d'école, on sait pourtant trouver la porte des municipalités. Quand, en revanche, il est question de parler de développement de l'enfant, d'avenir professionnel, les visages se ferment et les tabous envahissent l'atmosphère.

Pour un chef d'entreprise, se voir proposer de venir parler à des élèves de collège ou de lycée relève encore de l'événement et ça n'est certainement pas les quelques rendez-vous ponctuels, organisés à l'initiative d'enseignants ou de chefs d'établissement courageux, qui doivent faire oublier qu'aujourd'hui, pour l'essentiel, le monde de l'école est hermétique à ce qui se passe à l'extérieur, et notamment aux perspectives d'avenir. Ce n'est d'ailleurs pas surprenant, puisque les conseillers en orientation et les professeurs, eux-mêmes issus de la fonction publique, sont parfois tentés de diffuser une vision un peu décalée de la vie professionnelle, et en particulier de la vie professionnelle dans le secteur marchand. Les trois idées suivantes pourraient permettre d'y remédier.

La première serait l'ouverture sur le monde extérieur, à travers le recrutement d'un nouveau type d'enseignants, sur le modèle des professeurs associés des universités. Il s'agirait pour les chefs d'établissement de pouvoir engager pour une durée limitée (deux ou trois ans renouvelable) des personnes qui exercent une activité professionnelle par ailleurs et qui viendraient enseigner quelques heures par semaine. Ainsi, par exemple, un chef d'entreprise pourrait-il choisir d'enseigner l'économie dans une classe de 2de. Pour s'assurer de leur sérieux et de leur compétence, un jury d'habilitation délivrerait ou non le droit d'enseigner. L'objectif serait d'ouvrir les collèges et les lycées (notamment dans l'enseignement professionnel et technologique) au monde du travail, de façon beaucoup plus réaliste.

Par ailleurs, je crois qu'il est absolument indispensable d'organiser, de manière obligatoire, systématique, dans chaque collège et chaque lycée, une ou plusieurs journées des métiers où anciens élèves et parents d'élèves viennent présenter leur travail. Cela existe dans un certain nombre d'établissements et doit être généralisé.

Enfin, il faut aussi instaurer, à partir de la 4e, un véritable rendez-vous professionnel obligatoire, en présence des parents, où l'élève doit à la fois être sollicité, questionné sur ses premières réflexions d'avenir et puis, bien entendu, conseillé sur ce que pourrait être son projet de vie professionnelle. Un site Internet qui présenterait tous les métiers – avec entre autres ces deux informations : le taux de chômage et le salaire moyen – constituerait une base utile. Il serait complété d'un blog qui rassemblerait des témoignages : Combien je gagne ? Quelles sont les mauvaises surprises ? Les désillusions ? Les opportunités ? J'ai été l'un des premiers candidats à une élection à introduire la technique du blog. Ce moyen informatique de dialogue, ce forum de discussion, est un outil exceptionnel d'échange qui prend, aujourd'hui, une ampleur considérable dans la société française. Il faut, à l'évidence, le mettre au service de l'orientation professionnelle des enfants de France. Le Canada et les États-Unis l'ont fait. Ces sites sont parmi les plus visités dans chacun de ces deux pays.

Mon idée est simple : il faut confronter les envies des élèves à la réalité. Non pas pour leur enlever leur part de rêves, mais pour voir comment les rêves peuvent petit à petit trouver leur chemin vers la réalité de la France de demain, en mettant l'accent sur les métiers d'avenir.

Car nul ne peut se satisfaire de la situation actuelle où des jeunes, mal orientés et parfois mal formés à l'école, sont maintenus pendant des années à l'écart du monde du travail. On leur a fait croire que détenir un bac + 5, c'était avoir la garantie contre le chômage. Mais on ne leur a pas dit que tous les bacs + 5 ne se valent pas, et que seuls comptent les emplois qui sont à la clé. D'où, pour beaucoup d'entre eux, un long tunnel de stages, de CDD, ou pire, de chômage, avant de décrocher un véritable emploi. C'est tout le drame d'une génération traumatisée à l'idée d'entrer sur le marché du travail et convaincue qu'elle vivra au final moins bien que ses parents.

Quelle école pour nos enfants ? Quel monde du travail pour demain ? Quel rôle pour l'État ? Voilà quelques-uns des sujets qui fâchent, mais sur lesquels tout est à réinventer, à reconstruire. Autant dire que la tâche des hommes politiques d'aujourd'hui et de demain est immense, et passionnante.

Conclusion
À l'aube des choix

Conférence de presse de sortie de Conseil des ministres :

« Monsieur Copé, le gouvernement va-t-il privatiser EDF ?

— Non, il ne s'agit en aucun cas d'une privatisation. On ne fait qu'ouvrir le capital.

— Monsieur Copé, allez-vous baisser le nombre de fonctionnaires l'année prochaine et de combien ?

— Attention ! L'objectif n'est pas de baisser pour baisser. On mettra plus de fonctionnaires là où on a le plus de besoins, et moins de fonctionnaires là où on a moins de besoins. Il ne faut pas être dogmatique sur le sujet.

— Monsieur Copé, comment était l'ambiance au Conseil des ministres ? Était-ce tendu entre le Premier ministre et le ministre de l'Intérieur ?

— L'ambiance du Conseil des ministres aujourd'hui était comme à l'habitude studieuse et concentrée.

— Monsieur Copé, quelles sont les dernières nouvelles des otages détenus ?

— Le gouvernement reste très mobilisé afin d'obtenir la libération de nos otages. Vous comprendrez que je ne peux rien vous dire de plus sur ce sujet. »

Des échanges comme ceux-là, j'en ai eu bien souvent. Je livre là avec le sourire un extrait concentré de quelques beaux morceaux de langue de bois. Ils ont parfois suscité l'ironie de mes interlocuteurs. Mais, dans une société politique qui a tant de codes, que répondre ?

Sur EDF ? Parler de privatisation déclenche immédiatement les foudres des syndicats et les menaces de grèves qui peuvent paralyser le pays.

Sur la baisse du nombre de fonctionnaires ? On sait que cela peut avoir un caractère très anxiogène chez une bonne part de nos compatriotes qui craignent pour leurs écoles ou leurs hôpitaux.

Sur l'ambiance politique ? Si j'ai le malheur d'employer une formule ou un terme maladroits, je suis assuré de susciter la colère de tel ou tel de mes collègues.

Sur nos compatriotes retenus en otages ? Le poids de chaque mot compte : leur vie est en jeu, on ne peut prendre aucun risque.

La langue de bois est donc parfois inévitable. Mais elle est aussi le plus souvent insupportable. Langue de bois, réponses convenues, tabous, blocages idéologiques d'un autre siècle, paradoxalement, voilà ce qui rend l'action politique si difficile à conduire.

Sortir de cette impasse commande de se plier à deux exigences. La première est une exigence de vérité sur le constat. La France va à la fois bien et mal. Elle a des forces et des potentiels considérables. Elle a aussi des boulets au pied qu'il lui faut traîner – nos analystes sont sur ce point intarissables –, le plus spectaculaire d'entre eux étant le poids de sa dette. La deuxième exigence est la franchise sur les décisions que l'on prendra et sur les méthodes que l'on retiendra pour les mettre en œuvre. Pour ce qui concerne les décisions, les Français attendent un État qui soit fort. Fort dans sa capacité non pas à montrer des muscles, mais à être clair sur ses missions, à être efficace et attentif à l'utilisation de l'argent public. Il nous faudra être francs sur la méthode que nous retiendrons et notamment sur notre aptitude à maîtriser le temps, le calendrier, parce que bien souvent les décisions nécessaires ne peuvent pas attendre. Définir une vision stratégique claire pour tous. Avoir le courage de la porter sans trembler. Voilà ce qui constitue à mes yeux l'antidote à la langue de bois.

En octobre 2005, lors d'une visite officielle aux États-Unis, j'avais rencontré des étudiants français à Harvard et au MIT – les deux grandes universités de Boston –, tous plus brillants les uns que les autres, mais pas du tout décidés à faire leur carrière en France. « En France, me dit l'un d'entre eux, on n'encourage pas du tout ceux qui réussissent. Alors qu'ici tout est fait pour nous motiver. » Excessif, mais sincère.

Voilà notre point de mire : lancer aux jeunes Français expatriés un grand appel au retour, parce que nous avons besoin d'eux. Et pour qu'ils aient envie de revenir, il faut leur montrer, à eux qui ont beaucoup voyagé, un pays qui soit – pour prendre une image sportive – clair dans sa tête et solide sur ses deux pieds. Un pays où les réformateurs l'emportent sur les conservateurs, et où le parti du mouvement submerge celui de l'immobilisme. Un pays dans lequel les habitants regardent lucidement ce qui se passe ailleurs dans le monde et en tirent le meilleur pour eux-mêmes, divorçant ainsi définitivement avec ces *a priori* idéologiques qui nous sanctuarisent à gauche comme à droite depuis deux siècles. Un pays dans lequel on bâtit sans état d'âme et de manière équilibrée une société capable d'assurer avec la même efficacité la liberté et la protection de tous.

J'ai voulu montrer que, pour y parvenir, nous devons relever un défi capital : la rénovation en profondeur de l'État dans toutes ses dimensions et pour toutes ses missions. C'est le grand rendez-vous de 2007 et celui sur lequel les Français auront à se prononcer. Pour eux, et pour l'avenir de nos enfants.

Qui sera notre candidat pour les élections présidentielles de 2007 ? En ce début d'année 2006, personne ne peut le dire. Quel sera notre projet pour la France dans les années 2010 ? J'ai évoqué quelques pistes tout au long de ce livre. Elles tournent toutes autour de trois questions centrales : quel avenir pour les enfants de France ? Que va-t-on leur laisser en héritage ? Leur aura-t-on donné toutes les chances de porter le flambeau ?

Le débat qui s'annonce sera passionnant. Et c'est bien pour cela que j'ai envie de m'engager avec mes idées aux côtés de celui qui sera notre candidat. Nous aurons à nous opposer à une gauche dont les idées aujourd'hui se perdent dans les sables d'un autre temps et d'un autre monde. Mais cela ne signifie en rien que la partie sera facile, loin s'en faut.

D'abord, parce qu'il est très difficile de savoir au-delà des sondages – qui sont plutôt défavorables à la droite, d'ailleurs – ce que pensent vraiment les Français et ce qu'ils attendent de leurs gouvernants pour aujourd'hui et pour demain. Ensuite, le passé récent a montré que, même sur un projet politique improbable, la gauche peut toujours revenir. Il nous faudra donc faire mentir la loi qui veut que depuis vingt-cinq ans aucune majorité sortante n'ait été reconduite dans une élection nationale.

Près de quatre ans ont passé depuis que je suis entré au gouvernement français. Quarante mois pour apprendre, comprendre, franchir quelques étapes supplémentaires de ce parcours initiatique qu'est le chemin politique. En évoquant tout cela, j'ai voulu expliquer pourquoi, malgré les épreuves et les obstacles, j'ai décidé d'y consacrer ma vie. Pour une seule raison : la passion. Passion de décider, passion de partager, passion, enfin, de communiquer.

Il y a d'autres métiers qui offrent le privilège de la passion, aussi bien pour décider que pour communiquer. La caractéristique de celui-ci, c'est qu'il nous permet de consacrer cette passion au service de la France. Un privilège unique certes, mais qui exige un mot clé : ASSUMER.

Assumer, c'est porter son étendard, ses couleurs, sa vision pour son pays, sans ostentation, mais sans complexe.

Assumer, c'est admettre que d'autres peuvent avoir raison, et que l'on peut commettre des erreurs parce que l'on n'est pas infaillible.

Assumer, c'est porter une action politique depuis son annonce jusqu'à son résultat, en disant à chaque étape aux Français les choses telles qu'elles sont. Du rêve à la réalité, de la réalité au rêve.

Assumer ? Dire les choses ? Bon, c'est promis. J'arrête la langue de bois.

TABLE DES MATIÈRES

TROISIÈME PARTIE
LES SUJETS QUI FÂCHENT

Impression réalisée sur CAMERON par
BRODARD ET TAUPIN
La Flèche
pour le compte des Éditions Hachette Littératures
en mars 2006

Imprimé en France
Dépôt légal : avril 2006
N° d'édition : 78172/01 – N° d'impression : 34569
ISBN : 2-01-235943-4